戦争と教会

ナチズムとキリスト教

河島幸夫 著

目次

＊聖書本文は口語訳聖書（日本聖書協会発行）を使用しています。

表紙装画＝藤本四郎

序　ドイツ政治史の中のプロテスタント教会

日本で明治時代が始まったころ、正確にはその三年後の一八七一年、ヨーロッパではドイツ帝国（一八七一－一九一八年）が建国されました。首相はオットー・フォン・ビスマルク、皇帝はヴィルヘルム一世、いずれもドイツ帝国内の最大州プロイセンの首相、国王でもありました。プロイセンの軍事力とビスマルクの《鉄血政策》によって独仏戦争（一八七〇－七一年）に勝利して打ち立てられたドイツ帝国は、二二の州（領邦）と三つの自由市からなる連邦国家です。その州の中で政治の面でも経済の面でも最大の比重を占めたのが、プロイセン州であり、その州都ベルリンは帝国全体の首都にもなりました。宗教の点では、ドイツ帝国全体においてもプロイセン州においても全人口の約三分の二はプロテスタント信徒であり、残りの約三分の一がカトリック信徒でした。

ドイツは、一五一七年のマルティン・ルターによる「九十五か条の提題」発表に始まる《宗教改革の母国》です。ルターの本来の願いは、「信仰義認」に基づく福音主義の教会が自主的に形成されていくことでしたが、ローマ教皇を頂点とするカトリックの勢力や農民戦争と結びついた再洗礼派に対抗して宗教改革を進めるために、臨時の非常措置として、形式的にはプロテスタントの領邦君主を福音主義教会の最高監督（聖職）とし、実際の組織管理は宗務庁が担当するという《領邦教会制》（Landeskirchentum）を容認せざるを得ませんでした。そこでは領邦に住む住民の信仰の宗派は領邦君主の信仰の宗派と同一でなければならないというのが、原則とされました。それを示すのが、「領土ノ属スル人ニ、宗教モ属ス」（Cuius regio, eius religio）という合言葉です。この方式は、ルター派とカトリックとの同権を認めたアウグスブルクの宗教和議（一五五五年）や、ルター派、カルヴァン派（改革派）、カトリックの同権を認めたウェストファリア条約（一六四八年）によって保障されることになります。

マルティン・ルター
（1483–1546 年）
〔ルーカス・クラナッハ（父）画 1529 年〕

中世のドイツは、オーストリアやチェコ、ハンガリー、イタリア北部などを含めて神聖ローマ帝国（九六二―一八〇六年）に属していましたが、それは単なる形式にすぎず、宗教改革以降、十七、十八世紀には実質的には領邦分立の小型版絶対主義の時代となります。福音主義教会は、これら領邦ごとに領邦君主を最高監督とする領邦教会制の中に組み込まれ、《王座と祭壇》（Thron und Altar）の同盟が君主権力と教会との結合を意味する合言葉となりました。領邦の住民であるプロテスタントの信徒にとって君主は神によって立てられた権威とみなされ、深い畏敬と恭順の対象となりました。

ドイツ人の民族意識の兆しはローマ教皇に対抗した宗教改革の進行過程にも見られましたが、十九世紀になると、ナポレオンに率いられたフランス革命軍の侵攻に対抗して戦われた解放戦争（一八一二―一三年）をきっかけに、ドイツのナショナリズムが高揚しました。しかもそれは当時のドイツ人をとらえた《信仰覚醒運動》とあいまって、著しく宗教的な色彩を帯びるようになります。こうして、カトリックのオーストリアとプロテスタントのプロイセンが戦った普墺戦争（一八六六年）をへて、プロイセンを中心とするドイツの諸領邦の連合軍がフランスを破った独仏戦争での勝利を機に、ドイツ帝国が成立しました。それは、「神の恵みによって立てられた」プロテスタントのプロイセン王を皇帝とし、カトリックのオーストリアを除外した、いわゆる小ドイツ主義の方式による国家統一でした。この方式をビスマルクが選んだのは、カトリック勢力の強いオーストリアを抱え込めば、統一ドイツの不安定要因になるということを恐れたためでした。

こうして成立したドイツ帝国は、熱心な福音主義信仰の持ち主たちの目には、かつての神聖ローマ帝国にも比肩しうる《ドイツ国民の神聖福音帝国》（Das heilige evangelische Reich deutscher Nation――宮廷説教師アドルフ・シュテッカーの言葉。W. Frank, S. 27f.）の出現であるかのように感じられたのです。新しいドイツ帝国の内部にも全人口の三分の一を占めるカトリック教徒が住んでいました。しかし、プロテスタントが多数派を形成するプロイセンが、人口の点でも面積の点でもドイツ帝国全体の五分の三以上を占めて、他の諸領邦を圧倒しており、統治機構の点でもプロイセンの国王がドイツ皇帝を、またプロイセンの首相がドイツ帝国宰相を兼ねましたから、多くのプロテスタント信徒たちがドイツ帝国やドイツ皇帝を自己の栄光と同一視したとしても、不思議ではありません。

このようにして十九世紀始めの解放戦争から二十世紀始めの第一次世界大戦にかけて、ドイツのプロテスタント教会の中にはナショナリズムの思考態度が増大し続けたのです。

＊参照
河島幸夫『戦争・ナチズム・教会――ドイツ福音主義教会史論』新教出版社、一九九三／一九九七年
同『政治と信仰の間で――ドイツ近現代史とキリスト教』創言社、二〇〇五年

同『ナチスと教会――ドイツ・プロテスタントの教会闘争』創文社、二〇〇六年
同『ドイツ現代史とキリスト教――ナチズムから冷戦体制へ』新教出版社、二〇一一年

1　第一次世界大戦と教会

(1)　戦争熱に浮かされて

今から百年余り前の一九一四年六月二十八日、バルカン半島にある町サラエボでオーストリアの皇位継承者フェルディナント夫妻がセルビアの青年に銃撃され、まもなく死亡しました。それを引き金にして一か月後の七月二十八日、オーストリアがセルビアに宣戦布告し、多くのヨーロッパ諸国が、そして日本やアメリカまでもが参戦した第一次世界大戦が始まったのです。この戦争でドイツは、同盟国オーストリアやトルコとともにイギリス、フランス、ロシアなどの連合国（協商国）と戦いました。

ヨーロッパは、ご存じのように、キリスト教徒が圧倒的に多い地域です。いずれの国でもキリスト教会は君主によって保護されてきました。ドイツの教会もまた、各領邦の君主によって手厚く保護されており、十六世紀のルターの宗教改革以来、君主を教会の首長とする一種の国家教会制である領邦教会制の伝統の中で歩んできました。十八世紀終わりのフランス革命と十九世紀始めのナポレオン戦争を機に高まったナショナリズムの波は、キリスト教会をもとらえました。その波が最高潮に達したのが第一次世界大戦の時であったといえるでしょう。

第一次世界大戦が勃発すると、ヨーロッパではどの国でも国民の熱狂的な愛国心と戦争熱が高揚し、プロ

エルンスト・トレルチ
(1865-1923年)

テスタント教会もカトリック教会も東方正教会（ロシア正教など）もそれぞれの祖国の戦争を支持しました。政治の世界でも右翼の保守派から中道の自由主義政党はもとより、帝国主義の戦争に反対を唱えていた左翼の社会主義政党や労働組合まで、ほとんどの人々がこの戦争を自衛戦争とみなし、祖国防衛に立ち上がれと叫びました。ドイツでは、フランス革命の《一七八九年の理念》がわがまま勝手な自由の主張、俗悪な物質文明として軽蔑され、それに対抗する義務、忠誠、犠牲心を中心とする《一九一四年の理念》がドイツ的精神文化として賞揚されました。宗教界では、聖職者や神学者たちが神のみ手によって祝福された聖戦を確信し、熱狂的な戦争説教によって国民を鼓舞したのです。ベルリンの宮廷聖堂教会の説教師ブルーノ・デーリングは国会議事堂のまわりに集まった民衆に向かって、こう説教しています。

「われらの忠誠はこの世の始まりから終わりまで天地を満たす。栄冠は、魂を捧げつくしたものにこそ輝くであろう。……生くるも死ぬも神のため王のため祖国のため、恐れることなく忠義を尽くせ。アーメン」(B. Doering, S. 29)

このような「愛国心と戦争熱とキリスト教信仰との許されざる混同を特徴とする」ものこそ、「戦争神学」と呼ばれるものにほかなりません。とりわけ戦争初期の全国民一致の民族共同体の体験を神の啓示、聖霊の降臨として受けとめようとする試みが、教会官庁である宗務庁の文書や教会の礼拝説教の中で繰り返されるようになりました。こうした傾向は当時の公立大学の神学部の教授たちの表現にも見られます。たとえば、日本でもその著作のかなりのものが翻訳されている神学者エルンスト・トレルチは、ハイデルベルク市内で大衆に向かってこう演説しています。

「愛する同胞諸君！　昨日からわが民族は一丸となって武器を手にした。……どのようなことが起ころうとも、われわれは死命をとして戦うであろう。神と共に皇帝と祖国のために！　神よ、われらを助け給え！」（E. Troeltsch, S. 1-14）

(2) 冷静な信仰者たち

それでは、こうしたキリスト教の聖職者や神学者の戦争熱とは異なる姿勢の人はいなかったのでしょうか。少数ですが、いたのです。たとえば、スイス人の神学者カール・バルトです。彼は若いころドイツの大学に留学し、アドルフ・フォン・ハルナックやマルティン・ラーデなど著名な自由主義神学の教授たちのもとで勉強しました。スイスに帰国したバルトは田舎のザーフェンヴィルで牧師をしていました。その時、第一次世界大戦が勃発し、彼のドイツ時代の恩師たちが戦争神学とナショナリズムにからめとられてしまったことに、大きなショックを受け、ドイツの神学者たちの神学そのものに問題を感じるようになりました。

カール・バルトはドイツ人ではありませんが、ドイツのプロテスタント教会の中にも戦争熱を冷静に観察し、批判的に受けとめた人がいました。その一人は、バルトが尊敬していたクリストフ・ブルームハルトです。ブルームハルトは西南ドイツのヴュルテンベルク州にあるバート・ボルという温泉地のルター派教会の牧師でした。彼は政党政治的には、当時、無神論的・反キリスト教的政党として教会から敵視されていた社会民主党の州会議員を一九〇六年まで務めましたが、信仰的には敬虔な田舎牧師でした。ブルームハルトに

クリストフ・ブルームハルト
（1842-1919 年）

はこの戦争を客観的・社会科学的にとらえようとする姿勢は全くありません。その意味では彼は全く非政治的です。むしろ彼は、大戦という破局を神の裁きとイエス・キリストの勝利、そして神の国つまり神の支配の接近する印として受けとめようとしたのです。

「たとえ君が病んでいて苦しく、貧しく、悲惨であっても、神の御心はやはり君において成就する。……敵（戦争もその一つだ）は一切を破壊し、すべての良いわざをだめにしてしまう。しかしわれわれは立ち上がって言おう。『否、否、ただ一つ神の御心だけが成るのだ』と」（Blumhardt, 1932, S. 401. 井上良雄、三九六頁。訳文を修正。以下同じ）

彼のこうした説教は、積極的に反戦や平和を説いたものではありません。しかし戦争という極度に政治的な状況の中で行われる、こうした冷静で非陶酔的な内容の説教は、戦時下の軍部や支配層にとっては決して好ましいものではありませんでした。ブルームハルトのそうした基本姿勢は彼の次のような説教にもうかがわれます。

「多くの敵たちが戦いの中で死なねばならないとき、われわれはすべての人のことを思う。天国の歩みには、すべての人のために、特に戦死せねばならぬ敵たちのために祈ることこそふさわしい」（Blumhardt, 1978, S. 192f. 井上良雄、三九七頁）

ブルームハルトにとっては、世界大戦の参戦国の中で祖国ドイツだけが正しいということはありえませんでした。

「今日では、一切が崩壊していくように思われる。キリスト者も、もう自分のことがわからなくなっている。……しかしこの地球上ではだれも正しくはない。われわれは国民的自覚の上に神の民を立てることはできない」（Blumhardt, 1932, S. 376f. 井上良雄、三九七頁）

ここに見られる最後の一文は文字どおり、神がかりのナショナリズムへの批判を示すものと言えましょう。晩年のブルームハルトは政治の実際活動から身を引きましたが、終生、社会民主党の党員であり続けました。とはいえ、彼の生き方の根本は政治的考量ではなく、イエス・キリストへの固着という一つの終末論的な姿勢でした。そうすることによってかえって、ブルームハルトは戦争熱に陶酔する世の人々とは異質な冷めたまなざしをドイツと世界に向けることができたといえるでしょう。

次に紹介するルドルフ・シュルンクは日本でほとんど知られていない人物です。彼は古ルター主義のヘッセン抵抗教会の牧師でした。この教会は、当時のプロテスタント教会の大部分が所属する領邦教会には属さない自由教会（Freikirchen）の一つでした。シュルンクは四十三歳で兵士となりましたが、開戦期の熱狂的興奮とは無縁でした。

シュルンクにとって大戦の原因は、ヨーロッパ諸民族による「権力という偶像」の崇拝、「権力欲」、「ヨーロッパの支配欲というバベルの塔」です。とりわけ祖国ドイツに関して言えば、彼には、ビスマルク以来のプロイセン的権力政治の精神こそは世界大戦の原因の一つだと思われたのです。もちろん教会にとって政治活動は直接の任務ではありません。しかし彼によれば、教会に生きるキリスト者もまた、神の言葉に従って「正義と不正、真実と虚偽について判断を下さねばならない。……たとえばこの世界大戦の開戦に際してドイツには何の罪もなかったと主張するのは、まちがっている」（W. Pressel, S. 325）というわけです。

やがてドイツの敗戦が間近に迫ったとき、シュルンクは次のように説教しました。

ルドルフ・シュルンク
（1871–1927年）

「全世界が過ちを犯したとき、神はわが民族の罪を暴露し、悔い改めを求め給うた。ドイツの罪責は他の民族の罪責と比較して論じられるようなものではない。自己の過去に照らして自己の罪責を抉り出すことは、強さと確かさとの印である。さもなければ、われわれは、この戦争がわれわれに教えるところのものを、学び取ることができないであろう」（R. Schlunk, S. 36 u. 72）

ドイツは第一次世界大戦終了のたった二十一年後に第二次世界大戦を始めました。そして再び敗戦を喫したとき、ドイツのプロテスタント教会が発表した「シュトゥットガルト罪責宣言」（後述）の先取りのような姿勢を、このシュルンクの説教に見いだすことができるのではないでしょうか。

＊参照
河島幸夫『戦争・ナチズム・教会』、第一章「第一次世界大戦と革命の間で」

2　ヴァイマル共和国と教会指導層

(1)　ヴァイマル共和国の政治状況

第一次世界大戦に敗北したドイツは一九一八年十一月、皇帝ヴィルヘルム二世のオランダへの亡命によって君主制から共和制に移行しました。当時、世界で最も民主的な憲法として有名なヴァイマル憲法（一九一九年制定）を持ったこのドイツは、ヴァイマル共和国（一九一八―一九三三年）と呼ばれています。敗戦後の窮乏に加えてヴェルサイユ条約によって莫大な賠償金の支払いを課せられたドイツでは、戦後の混乱、一九二三年の大インフレーションをへて、相対的安定期に入りました。それもつかの間、一九二九年の世界恐慌を引き金に左右の過激な政党や集団が台頭し、そのデモ隊が街頭で激突を繰り返す内乱のような状態に陥りました。そうした中でイギリス、フランス、ソ連への憎しみをあおり、すべての困窮と苦難の原因はユダヤ人の陰謀である、と宣伝する右翼団体、特にナチ党が一九三〇年以来、急速に人々の支持を獲得するようになってきました。

ところで、ヴァイマル共和国の中でキリスト教会、特にその指導層はどのような政治意識を持っていたのでしょうか。長い間、教会の保護者であった皇帝や各領邦の君主たちがすべて退位してしまいましたから、教会は領邦君主という保護者を失ったわけですが、教会の権利やキリスト教の伝統は新しいヴァイマル憲法によっても手厚く保護されました。憲法上、教会は公法上の団体とされ、国家による教会税の代理徴収も存続し、公立学校における宗教科目（内容はキリスト教）、公立大学の神学部も維持されました。キリスト教の聖職者は一種の準公務員であり続けたのです。そこで教会はヴァイマル共和国を積極的に支持してもよかったはずですが、実際には教会はこの共和国や民主主義に対して違和感を持ち続けたのです。

＊参照
河島幸夫『戦争・ナチズム・教会』、第二章「ドイツ革命とキリスト教会」

(2) 福音主義教会指導層の政治類型

さて、当時の福音主義教会の指導層、つまり牧師や神学者、教会官僚たちはどのような政治意識、政治姿勢を持っていたのでしょうか。彼らの政治意識としては四つの類型を挙げることができます。

1　国粋的キリスト教

この類型の特徴は、キリスト教の中からユダヤ的な要素を排除し、キリスト教をゲルマン化することを目指します。たとえば、ゴットフリート・トラウプという牧師がいましたが、この類型に属する人は全体の一〇％に満たないと推定されます。政党政治的には共和制打倒をめざす極右を、やがてはナチ党を支持する人々です。

２　保守的ナショナリズム

この類型の人々は帝政期の君主制への未練を捨てることができず、共和制や民主主義への違和感を抱いていましたが、やむを得ずそれと妥協し、政党政治的には穏健右派の保守政党である国家人民党を支持しました。この類型に属する代表的人物としては、クールマルクの総教区長オットー・ディベリウスや神学教授のラインホルト・ゼーベルクがいます。この類型が最も多数派で、全体の約七〇％と推定されます。時にはナショナル・プロテスタンティズムないし民族的プロテスタンティズムとも呼ばれる類型は、この保守的ナショナリズムを意味すると言えるでしょう。

３　自由民主主義

この類型の人々は新しい共和制を、消極的にせよ積極的にせよ現実的選択肢として受け入れ、自由と民主主義を育てていこうとし、政党面ではドイツ民主党やドイツ人民党などの中道政党を支持しました。神学教授のアドルフ・フォン・ハルナックやエルンスト・トレルチらが入ります。この類型は全体の一〇数％ほどでしょう。

４　宗教社会主義

この類型が最左翼です。この類型に属する人々は資本主義をキリスト教に反する搾取と格差、階級対立の元凶とみなし、帝国主義的社会構造と闘う労働者との連帯を主張し、社会民主党に入党しました。この類型に属する人は全体の数パーセントで、代表的人物はエルヴィン・エッカート牧師、神学者のエミール・フックス、パウル・ティリッヒらです。

ところで、いわゆる《弁証法神学》の人々はどの類型に入るのでしょうか。その代表者カール・バルトは、スイス時代には労働運動を応援し、「赤い牧師」と言われたほどですから、宗教社会主義に近く、スイスでもドイツでも社会民主党を支持ないし入党しました。しかし同じ弁証法神学者の中にはフリードリヒ・ゴーガルテンのようにナチスを支持し、ドイツ的キリスト者となった人もいます。

一九二九年の世界恐慌以降のドイツでは社会や経済が大変な窮状に陥ったなかで、ヴェルサイユ条約の破棄、危機対応能力のないヴァイマル共和制の打倒、強力なリーダーシップを求める左右の過激な政党や集団が台頭しました。その中で最も著しい躍進を遂げたのが、アドルフ・ヒトラーの率いるナチ党でした。ナチ党は一九三〇年の総選挙で第二党になり、一九三二年七月の総選挙ではついに第一党になりました。ただし獲得議席数は過半数に達しなかったのですが、翌一九三三年一月三十日、パウル・フォン・ヒンデンブルク大統領はヒトラーを首相に任命し、ついにナチ党と国家人民党を中心とするナチス政権が登場したのです。

＊参照
河島幸夫『戦争・ナチズム・教会』、第三章「ヴァイマル共和国の政治と宗教」

3　ナチス政権の成立と教会闘争の始まり

⑴　ヒトラーとナチ党綱領

アドルフ・ヒトラーは一八八九年四月二十日、オーストリア西部のブラウナウに税関官吏の子として生まれ、カトリックの洗礼を受けました。青年期にウィーンに出て画家を志しましたが、美術学校への入学を果たせず、ドイツのミュンヘンに移住しました。その地で第一次世界大戦の勃発に熱狂したヒトラーは、外国人でありながら志願して、ドイツ軍の兵士に採用されます。一九一八年十一月十一日、彼は西部戦線で毒ガスにやられて野戦病院に入院中、独仏間に休戦協定が結ばれ、ドイツは敗戦を迎えました。

ヒトラーは、ウィーン時代にその地の反ユダヤ的な空気に染まり、ユダヤ人こそは諸悪の根源だと信じるようになりましたが、やがて、第一次世界大戦でドイツやオーストリアが負けたのも、国内の左翼社会主義者や自由主義者の裏切り、ユダヤ人の陰謀のせいだと考えました。敗戦直後、彼はドイツ軍の諜報活動に従事して、ミュンヘンの政治団体を偵察し、一九一九年九月にドイツ労働者党という極右のミニ政党に入党し、まもなく自ら党首となって、党名も「国家社会主義ドイツ労働者党」

アドルフ・ヒトラー
(1889–1945 年)
〔ドイツ占領下ポーランド総督領　1941 年発行の切手〕

（Nationalsozialistische Deutsche Arbeiterpartei＝NSDAP）と改称しました。ナチス、ナチ党というのはもともと政敵が付けた蔑称です。

一九二〇年に作られたナチ党綱領は全二十五か条ありますが、重要なのは、まず第四条の反ユダヤ主義です。すなわち「ドイツ人の血統を持つものに限り、民族同胞たることができる。したがってユダヤ人は民族同胞たることを得ない」。当時のドイツ全人口は約六、〇〇〇万人余りで、ユダヤ系ドイツ人はその約一パーセント、つまり六〇万人余りでした。ユダヤ人の中にはドイツの国籍を持ち、政治、経済、文化、学問などの諸領域で重要な働きをしている人も少なくありませんでしたが、ナチ党の綱領はこれらユダヤ人を排除しようとする人種差別を示しています。

キリスト教会にとって重要なのは、第二四条の「積極的キリスト教」（positives Christentum）なるものです。すなわち「われわれはゲルマン人種の美俗・道徳感情に反しない限り、宗教的信仰の自由を要求する。わが党は一定の宗派的信仰に拘束されることなく、積極的キリスト教を代表する」（W. Hofer. S. 28. 救仁郷繁訳、四一、四四頁）。この条文の後半の表現は、表面的にはキリスト教を積極的に応援しているように見えます。しかしこの条文全体の重点は、あくまでも前半の「ゲルマン人種の美俗・道徳感情」にあります。それに反するとみなされれば、キリスト教も排斥される可能性があるということでしょう。しかし当時、こうした問題点に気がついた人はごく少数だったようです。

＊参照
河島幸夫『ナチスと教会』、第一章「独裁国家と教会」

(2)　ドイツ的キリスト者の台頭

ヴァイマル共和国のキリスト教指導層の類型の中で最右翼は「国粋的キリスト教」でしたが、《ドイツ的キリスト者》(Deutsche Christen) の運動は、それと類縁関係にあるナチス系のプロテスタントです。特に一九三〇年の各地の選挙におけるナチ党の躍進とともにドイツの北部と中部を中心に始まったドイツ的キリスト者の運動は、一九三二年に大同団結して《ドイツ的キリスト者信仰運動》(Glaubensbewegung Deutsche Christen) と称するようになりました。

この運動の「基本原則」では、ナチ党綱領と同様の反ユダヤ主義の特徴が注目されます。たとえば「ユダヤ人はキリスト者の共同体に所属しない」。これは教会からユダヤ人の牧師、教会員、求道者を追放することを意味します。また、「人種、民族、国民は神から与えられた生の秩序であり、人種の混合に反対する」。「ドイツ人とユダヤ人の結婚を禁止する」。これは宗教的色彩を施した国粋主義、人種差別の主張であり、反ユダヤ主義の法制化を要求するものです。「無能者、低価値者に対抗して民族を守る」。これは知的障害者や精神病者を民族や国家の発展を妨げる存在とみなす優生思想を意味しています。そして「積極的キリスト教、ドイツ的ルター精神、英雄的敬虔を推進する」(*KJ*, S. 4ff.) ことが賞賛されますが、そこでは、「わたしの兄弟であるこれらの最も小さい者のひとりにしたのは、すなわち、わたしにしたのである」というイエスの教え(マタイ二五・四〇)は忘れられていました。そして「世界市民主義、平和主義、国際主義を排する」わけですから、そこには神格化されたドイツ民族、ドイツ国家だけが残ることになってしまいます (*KJ*, S. 4ff.)。

このようなドイツ的キリスト者の運動は、一九三三年一月三十日のヒトラーの政権掌握とともにナチス当局に大きく支援されて、各地の教会選挙で多くの代議員当選者を出し、各地の教会組織の指導部の多くが、ドイツ的キリスト者によって占められるという事態が波及しました。

＊参照
河島幸夫『ナチスと教会』、第一章「独裁国家と教会」

(3) ドイツ福音主義教会憲法と帝国教会監督

こうした状況の中で、ナチス権力による国内諸領域の《強制的同質化》(Gleichschaltung) 政策の一環として、教会支配を容易にするために福音主義教会をひとまとめにしてその頂点に新設された役職が、帝国教会監督 (Reichsbischof) です。ヒトラーは自分のお気に入りのドイツ的キリスト者の従軍牧師ルートヴィヒ・ミュラーをその地位につけたかったのですが、全国の福音主義教会の代表者たちは、ヒトラーの意向に反して、一九三三年五月、福祉施設ベーテルの施設長フリードリヒ・フォン・ボーデルシュヴィング牧師を帝国教会監督に選出してしまったのです。ボーデルシュヴィングはマルティン・ニーメラー牧師を補佐官に任命して職務の遂行に当たろうとしましたが、ナチス当局の圧迫を受けて帝国教会監督就任を辞退せざるを得なくなりました。そして最終的にはヒトラーの意向を受けたルートヴィヒ・ミュラーが帝国教会監督の職に就任します。

ナチス時代になって進められていたプロテスタント教会の全国組織の形成は「ドイツ福音主義教会」(Deutsche Evangelische Kirche ＝ＤＥＫ) として実現し、一九三三年七月に教会憲法が制定されました。その背景には、教会を強制的に同質化してナチス権力によるコントロールを容易にしようというヒトラーの目論見が潜んでいましたが、彼の意向にそって帝国教会監督という頂点の役職が新設されたものの、教会組織全体の構造はヒトラーの望むようなトップダウン式の《指導者原理》よる独裁制ではなく、各地の領邦教会の独自性も維持されました。教会憲法の第一条は、「ドイツ福音主義教会の不可侵の基礎は、聖書においてわれわれに証しされ、宗教改革の諸信仰告白において新たな光を受けたイエス・キリストの福音である」(*KJ*. S. 17–20) と規定しています。この教会憲法は、のちに教会闘争の中で告白教会がドイツ的キリスト者やナチス当局からの圧迫に対抗して自己の主張を展開する際の根拠をも提供してくれたのでした。

＊参照
河島幸夫『ナチスと教会』、第一章「独裁国家と教会」

(4) 青年宗教改革運動・牧師緊急同盟・告白教会

一九三三年七月に行われた全国教会選挙では、ナチス当局によって支援されたドイツ的キリスト者の猛烈な選挙運動が功を奏し、各地の教会組織で彼らが多数派を占めるようになりました。そして同年九月に催されたドイツ福音主義教会全国総会においてヒトラーお気に入りのルートヴィヒ・ミュラーが帝国教会監督に

マルティン・ニーメラー
（1892-1984年）

選出されたのです。

　ところで、ナチス政府は一九三三年三月に脅迫的戦術を用いて国会で通過させた全権委任法に基づいて、行政機関である内閣が立法権をも獲得し、勝手な法律を作れるようになりました。たとえば同年四月に制定した職業官吏再建法はユダヤ人や反ナチス的な公務員を退職させることを可能にしました。職場などからユダヤ人を排除し、ドイツ人の血統だけに限定する旨の条文は「アーリア条項」と呼ばれますが、ドイツ的キリスト者たちはこのアーリア条項を教会にも適用して、まずユダヤ人の牧師を追放しようとしたのです。

　こうしたドイツ的キリスト者の動きに対抗しつつ、老化した教会を改革すべく若い世代の牧師や信徒が結集したのが、《青年宗教改革運動》（Jungreformatorische Bewegung）でした。その中心人物がマルティン・ニーメラーやヴァルター・キュネットたちです。彼らは教会からユダヤ人を排除することに反対しましたが、ナチス政権の成立を歓迎し、教会もまたドイツ民族との結びつきを強めるべきだ、と主張していました。

　不思議に思われるかもしれませんが、一般にナチス政権の登場はプロテスタント教会の大多数の指導者たちから歓迎されたのです。その理由としては、ナチ党の綱領にある「積極的キリスト教」という表現や、ヒトラーの演説にしばしば現れるキリスト教的ポーズやジェスチャーに誘惑されたこともありますが、その底には、ヴァイマル共和国という神なき世俗国家への不信、混乱した政治・社会・経済状況への統治能力を欠いた既成政党や議会制民主主義を軽蔑し、強力な指導体制の出現を期待する権威主義的思考、社会主義や共産主義を悪魔的勢力とみなして攻撃するヒトラーへの期待などが影響していました。要するにドイツの教会の主流派は、ヴァイマル共和国における教会指導層の類型で説明したように、伝統的に左翼ではなく右翼であり、リベラルではなく保守だったのです。

教会闘争における英雄的人物として有名なマルティン・ニーメラー、彼は戦後の一九六六年、日本にも来訪され、私も大学院生時代に日本キリスト教団神戸栄光教会でその講演を聞きましたが、彼も第一次世界大戦直後には反革命的な右翼の義勇軍に加わり、またナチス政権の初期には国際連盟脱退などヒトラーの挑発的な外交政策を歓迎していました。それゆえ教会闘争もまた、少なくともその初期においては、反ナチ闘争ではなく、ドイツ的キリスト者に反対する運動として始まったのです。

前述した一九三三年九月のドイツ福音主義教会全国総会においては、非アーリア人、つまりユダヤ人の牧師を退職させることが決定されました。当時の牧師総数約一九、〇〇〇人のうちユダヤ人は二九名でした。この動きに反対する青年宗教改革運動を源にして、やはりニーメラーたちを中心として結成されたのが、《牧師緊急同盟》（Pfarrernotbund）であり、これには約八、〇〇〇人の牧師が加入しました。その入会誓約書は次のような内容です。

「私は……聖書とその正しい解釈としての宗教改革の諸信仰告白とによってのみ拘束され、職務を遂行する。……私は、この信仰告白を守って迫害される人々に対して最大限の責任を負うことを了解する。アーリア条項の教会への適用によって信仰告白の侵害が生じたことを、私は証言する」（W. Niemöller, 1958, S. 26）

牧師緊急同盟は、罷免された牧師たちを救援する活動を行い、《告白教会》（Bekennende Kirche）の結成へと連なります。

ドイツ的キリスト者による教会組織の支配、彼らが多数派を占める教会組織つまり帝国教会の形成、ユダヤ人牧師の排斥、これは要するにナチス当局の推進する《強制的同質化》政策に呼応したものでしたが、こうした状況を《信仰告白の非常事態》（Status Confessionis）として受けとめた人々が各地に告白教会をつくり始め、やがて「バルメン宣言」を発表します。その先駆けの一つが、「アルトナ告白」（Altnaer Bekenntnis）であり、これは一九三三年一月十一日にハンス・アスムッセンを中心にハンブルク＝アルトナ地区の牧師たちによって打ち出されました。また一九三四年一月四日、ヴッパータールのバルメン地区にあるゲマルケ教会で開催された「自由改革派教会総会の宣言」（カール・バルトによって起草）も、またバルメン宣言の先駆けの一つと言えましょう。

ところで、告白教会の全国組織結成の時はいつでしょうか。どの文献にも正確な記述は見つかりませんでしたが、私は、一九三四年四月二十二日、ドナウ河畔の町ウルムで開催された全国の告白教会、告白共同体とルター派領邦教会との合同会議で「ウルム宣言」が発表され、ドイツ的キリスト者の帝国教会指導部を否定し、告白教会こそ信仰告白に基づく真の合法的な教会であると宣言した時、これが告白教会全国組織結成の日だと判断しています。

＊参照
河島幸夫『ナチスと教会』、第一章「独裁国家と教会」

(5)　バルメン宣言

バルメンという町はどこにあるのでしょうか。バルメンとは、ヴッパータールという町の中の地域の名前です。そこにあるゲマルケ教会にドイツ全国から集まった一三八人の代表者たちが第一回の告白教会全国総会（Bekenntnissynode）を開催し、全会一致で採択したのが「バルメン宣言」（Barmer Theologische Erklärung）、正式名「ドイツ福音主義教会の現状に関する神学宣言」（Theologische Erklärung über die gegenwärtige Lage der Deutschen Evangelischen Kirche）でした。その起草者はバルト、アスムッセン、ヴィルヘルム・ニーゼルたちです。この宣言には六つの命題（テーゼ）が含まれていますが、最も中心的なものは第一命題と第五命題です（K. D. Schmidt, S. 22–25）。

第一命題は、イエス・キリストこそ神の唯一の言葉であるとして、万物に対するキリストの王権的支配を述べています。

「わたしは道であり、真理であり、命である。だれでもわたしによらないでは、父のみもとに行くことはできない」（ヨハネ一四・六）。…（中略）…

「聖書において証しされているイエス・キリストは、われわれが聞くべき、また生と死において信頼し、服従すべき神の唯一の御言葉（das eine Wort Gottes）である。

教会がその宣教の源として神の唯一の御言葉のほかに、またそれと並んで他の出来事や力、現象や真理を神の啓示として承認しうるとか、承認しなければならないという誤った教えを、われわれは退ける」。

バルメン宣言50周年記念切手
〔西ドイツ、1984年発行〕

これはキリスト教信仰にとって自明のことを言っているように見えますが、当時のドイツでは、ヒトラーの首相就任やナチスによる政権獲得をドイツの歴史における神の意志の表れだと解釈するエマヌエル・ヒルシュやパウル・アルトハウスのような神学者が少なくなかったのです。彼らは民族や国家を神によって特別に創造されて、個人に優越するもの、すなわち神による《創造の秩序》（Schöpfungsordnung）として民衆の服従を要求しました。こうした《創造秩序の神学》に対してバルメン宣言の第一命題は「否」を発し、歴史における神の啓示はイエス・キリストの出来事のみであって、現実の歴史現象や特定の政治指導者の登場を神の啓示とみなすことを、断固として拒否したのです。

第五命題は、国家と教会の任務、政治と宗教の役割について述べています。

「神をおそれ、王を尊びなさい」（Ⅰペテロ二・一七）。

「国家は、教会もその中にある未だ救われないこの世にあって、人間的な洞察と量りに従って暴力の威嚇と行使をなしつつ、正義（Recht 法・権利）と平和（Frieden）のために配慮するという任務（Aufgabe）を神の定め（göttliche Anordnung）によって与えられていることを、聖書はわれわれに教える。……教会は、神の戒めと義とを想起せしめ、そのことによって統治者と被治者との責任を想起せしめる」。

「国家がその特別の委託（Auftrag）をこえて人間生活の唯一にして全体的な秩序（totale Ordnung）となり、したがって教会の使命（Bestimmung）を果たすべきであるというような誤った教えを、われわれは退ける」。

宗教改革以来、四〇〇年にわたるドイツのプロテスタント教会の伝統では、キリスト者はローマ人への手紙第一三章にある、「すべての人は、上に立つ権威に従うべきである。なぜなら……存在している権威は、すべて神によって立てられたものだからである」（一節）というパウロの言葉を表面的に受けとめ、政治権力への無条件の服従がキリスト者の義務であるとされてきました。これに対して第五命題は、政治権力の絶対化を否定して権力を相対化し、何よりも国家は神の上でなく下にあること、また国家はその任務を神によって定められているが、それは「正義と平和のために配慮する」という条件のもとであることを明確にしました。しかも、「教会は……統治者と被治者との責任を想起せしめる」として、教会が権力者と民衆との双方に対して警告者、批判者ないし見張り役となることも確認したのです。

また、第五命題の最後では、「教会がその特別の委託をこえて国家の一機関となるべきだというような誤った教えを、われわれは退ける」として、教会がドイツ的キリスト者たちのやり方のように政治権力の道具となることを拒否しています。

このバルメン宣言には、「ナチズム」とか「ヒトラー」とか「ドイツ的キリスト者」とかの具体的な言葉は出てきません。すべて一般的な用語ないし神学的用語で書かれています。それにもかかわらず熟読すれば、それぞれの言葉が当時のどのような出来事を指しているのか、推測することができるのです。それゆえこの宣言は要するに神学用語を用いてのドイツ的キリスト者への批判であり、それを支えているナチズムへの批判であったと言えるでしょう。バルメン宣言は、ナチスの時代に生き始めたドイツのプロテスタント教会とその信徒たちに向かって、信仰的な危機状況が到来したことを告げ知らせ、信仰的な覚悟と前進を呼びかけた信仰告白的宣言でありました。

＊参照
河島幸夫『ドイツ現代史とキリスト教』、第二章「バルメン宣言とその先駆け」
朝岡勝『「バルメン宣言」を読む』いのちのことば社、二〇一一年
宮田光雄『バルメン宣言の政治学』新教出版社、二〇一四年

ところで、バルメン宣言を採択した第一回告白教会全国総会、つまりバルメン会議の会場となったヴッパータールのゲマルケ教会では、カール・イマー牧師の家族や教会員たちが会場の準備や進行のお世話をされました。イマー牧師自身、告白教会全国組織の執行部である兄弟評議会（Bruderrat）のメンバーの一人に選ばれたのですが、それ以後の教会闘争の過程で投獄や圧迫などの迫害を受けて心労が重なり、終戦前に亡くなられました。私はその娘さんであるレニ・イマーさんと知り合いになりました。といっても、今から二十年前の一九九五―九六年、私が二回目のドイツ留学でボーフム大学の神学部に学んだ機会に、近くのミュールハイムで開かれたドイツ教会闘争の研究会でのことです。その数か月後に当時八十歳の彼女の自宅に招待され、いろいろと思い出話をうかがうことができました。

ナチスの時代、特にバルメン会議の時、十九歳のレニさんは青春の真っただ中で会議の裏方として奉仕し、弟さんはバルメン宣言の本文をタイプライターで打ち出す係りをされたそうです。レニさんが私にこうおっしゃいました。

「戦後に日本からかわいいお嬢さんが来られましたよ。ハルコ・ナガイという名前でした。スイスのカール・バルト教授の下でも勉強したはずです。このごろハルコから便りが来ないので、心配です。河島さん、日本へ帰られたら、一度ハルコに会ってみてください」。

その後、偶然、私は一九九七年八月十五日、日本キリスト教会の近畿中会からご依頼を受けて西宮中央教会で、「責任を負って生きるキリスト者——政治家ハイネマンに学ぶ」という講演をしました。幸いにもその会場に、カール・バルト研究家でもある永井春子牧師が来てくださいました。こうして私はレニ・イマーさんとの約束を果たすことができたのです。

＊参照
河島幸夫『政治と信仰の間で』、第Ⅶ章「責任を負って生きるキリスト者——政治家ハイネマンに学ぶ」

(6)　告白教会のヒトラーあて建白書

ヒトラー政権は、その独裁的権力によって内政面では大規模な公共事業やアウトバーン（高速自動車道）の建設、軍需産業の拡大、軍備増強などによって失業問題を解決したように見えました。外政面ではヴェルサイユ条約を無視して、強硬な外交政策を推進します。一九三三年十月にナチス・ドイツは国際連盟を脱退しましたが、一九三五年には住民投票でザールラントのドイツ復帰に成功し、一九三六年三月にはラインラント非武装地帯にドイツ軍を進駐させ、国民の喝采を浴びました。

しかし同時に、ナチス政権は国内ではナチ党関係以外の全政党・政治団体・労働組合を禁止ないし解散させ、民主主義者・社会主義者・共産主義者を逮捕・投獄あるいは強制収容所送りにし、ユダヤ人への迫害を強めました。キリスト教会に対しても抑圧姿勢の強化、反キリスト教宣伝の推進、ゲルマン神話や北方人種崇拝の宣伝などによってキリスト教会を侮辱・攻撃し、ナチス当局の意向に従わない聖職者・信徒には迫害、投獄、拷問などの弾圧を加えました。

こうした深刻な状況が進むなかで、一九三六年五月二十八日、告白教会指導部の兄弟評議会は「ヒトラーあての建白書」を提出し、教会弾圧に抗議するだけでなく、ユダヤ人迫害、強制収容所の存在、民族や総統ヒトラーへの崇拝を批判したのです。

「ナチス世界観においては血、民族性、人種、名誉に永遠的価値が与えられています。……しかし福音主義のキリスト者は〔神のみを神とする〕第一戒によってそうした価値づけを拒むように義務づけられています。ナチス世界観においてはユダヤ人への憎しみを義務づける反ユダヤ主義が命じられています。しかしキリスト者にとっては隣人愛という戒めが立てられているのです。……法治国家と称するドイツに強制収容所が存在すること、また秘密警察の措置が一切の裁判上の審査を免れていることは……福音主義の良心を痛く苦しめています。神のみにふさわしい形式で総統ヒトラーに栄誉が与えられているという事態についても、憂慮せざるをえません。今日では総統自身に民族祭司という権威が与えられているのです」（*KJ*, S. 132–137）

第三帝国ともいわれた当時のナチス・ドイツの全盛期に民族至上主義、反ユダヤ主義、ヒトラー崇拝がすべてを覆いつくそうとしている状況のただ中で、告白教会は、国家と政治が踏みはずしてはならない限界を、最高指導者ヒトラーに向かって指摘したのです。それはまさに、その二年前に告白教会がバルメン宣言において示した命題を具体的に展開したものでした。この建白書は本来、内々にヒトラーに届けられたのですが、告白教会側の思惑を超えて、その内容が外国の新聞によって報道されました。カール・バルトはナチス当局によって一九三六年六月にドイツのボン大学を解雇され、七月にスイスに帰国してバーゼル大学に転じていましたが、この「告白教会のヒトラーあて建白書」のことを知って大変喜んだそうです。まさに彼の言葉どおり、告白教会は「単に教会自身の存在や活動の妨害に対して抗議するにとどまらず、それをこえて、第三帝国の中で体系化された法・権利・正義（Recht）と人間性（Menschlichkeit）との全面的な破壊に対抗して、明確なキリスト教的告発を行った」（K. Barth, 1956, S. 47.『カール・バルト著作集』第6巻、村上伸ほか訳、新教出版社、一九七六年、一五七頁）からです。

＊参照
河島幸夫『ナチスと教会』、第一章「独裁国家と教会」

(7) キリスト教会への弾圧

キリスト教や教会活動に対しても、ナチス当局による妨害や誹謗、中傷、逮捕、拷問、投獄が行われ、ドイツ的キリスト者の支配する帝国教会指導部による告白教会牧師の解雇、免職、圧迫が加えられました。たとえば、牧師緊急同盟や告白教会の指導者マルティン・ニーメラーは一九三四年一月二十五日、教会代表者たちとともにヒトラーと面会した時、激論を交わしました。「自分たちを突き動かしているのは、教会への心配ではなく、民族と祖国への心配です」と述べたニーメラーに対して、ヒトラーは、「第三帝国のことは私に任せておき給え。君は教会のことだけを心配しておればよい」と威嚇しました。ヒトラーに憎まれたニーメラーは一九三七年七月一日、秘密警察によって逮捕され、翌年三月に軽い有罪判決の後、本来なら釈放されるべきところ、「ヒトラーの個人的囚人」として一九四五年五月のドイツ敗戦直前まで強制収容所（ザクセンハウゼン、のちダハウ）に捕らわれ続けました。

そのほか、ユダヤ人の国外亡命を手助けしたグリューバー事務所の創設者ハインリヒ・グリューバー牧師も、ナチスの障害者安楽死命令に抗議する説教を行ったエルンスト・ヴィルム牧師も、強制収容所に送られました。この二人は数年後に釈放され、殺されずにすみましたが、ナチズムに対して福音的キリスト教信仰を証し続けたパウル・シュナイダー牧師は一九三九年七月十八日、ブーヘンヴァルト収容所で殺害されました。このようにナチスによる弾圧、迫害の対象や犠牲となった牧師・信徒は少なくありません。その結果、プロテスタント教会の殉教者は二一名にのぼります。

参考までにキリスト教会からは異端視された《エホバの証人》の場合は、ナチス当局によって信仰それ自体が禁止されました。当時のドイツでの信徒数約一九、〇〇〇人のうち約二、五〇〇人が収容所などで殉教の死を遂げました。

確かにナチスの時代、キリスト教会は閉鎖されなかったし、キリスト教信仰は禁止されませんでした。しかしインターネットの一部に書き込まれているように、ナチスはキリスト教会を攻撃しなかった、というのは誤りです。キリスト教は禁止されなくとも、牧師や信徒の多くが権力者によって不当に迫害、逮捕、監禁、拷問、殺害され、教会活動を妨害、制限、抑圧されたのですから、これはまさにキリスト教会への攻撃であり、弾圧にほかなりませんでした。

＊参照

河島幸夫『戦争・ナチズム・教会論』、第六章「戦時下ドイツの宗教弾圧と教会生活」

同『ナチスと教会』、第一章「独裁国家と教会」

4　第二次世界大戦とドイツの教会

(1)　ドイツ・プロテスタンティズムの戦争観

すでに第二次世界大戦のかなり前から戦争を論じた多くの書物が、ドイツ・プロテスタントの評論家や学者たちによって出版されていました。しかしそこでは、聖書の福音に応えて、どのようにして戦争を防止し平和を建設するかという視点よりも、戦争を所与の前提としたうえで、戦争をどのようにとらえ、信仰者として戦争にどう対処するかという視点が支配的でした。後にドイツ教会闘争の指導者の一人となるクールマルクの総教区長オットー・ディベリウスは、『教会と国際連盟』（一九二六年）という冊子の中で、戦争廃絶を叫ぶ平和運動に意義を認めず、むしろ戦争を所与の状態とみなして次のように書いています。

「ドイツ・ルター主義は、カルヴィニズムやメソジズムによって決定的に規定されているアングロサクソン主義と、はっきり対立する。ドイツ・ルター主義は、この世界を改造するための闘いに参加することを拒否する。なぜなら世界は邪悪の中にあるからだ。罪の支配するこの世の時は決して楽園にはならない。戦争を

オットー・ディベリウス
（1880–1967 年）

廃棄したり、あるいはまた戦争をキリストの名において克服したりしようとする者は、キリストから命じられている信仰の領域と、神の意思によって事柄がそれ自体の法則性をもって展開するこの世の領域とを、混同するものである」(O. Dibelius, 1926, S. 23)

同様にオットー・ボルヒャート牧師は「良心をもってする戦争」(Der Krieg mit dem guten Gewissen. 1938) という冊子の中で、「戦争を繰り返すな」とか、「戦争廃絶!」といったスローガンは人間や世界の現実を誤認したものだと言います。むしろ戦争とは異常なものではなく、常態であり、「戦争を通じて神は諸民族に対する牧会(魂への配慮)をなし給うのだ」(G. Brakelmann, S. 25f.) と。こうした主張は、単純な戦争賛美ではないかもしれませんが、戦争を神の世界支配の構成要素として、人間の努力によっては避けることのできないものとみなし、戦争への心の準備を呼びかけたものと言えるでしょう。

それでは、どうしてこのような戦争への内面的準備とでも言えるような姿勢が特に当時のドイツ・プロテスタンティズムの中に浸透していたのでしょうか。その背景としてはまず、ヴェルサイユ・コンプレックスとでも言える心理状態が挙げられます。すなわち、多くのドイツ人は、第一世界大戦の敗北以後も、この戦争を他国によって強いられたドイツの正当な自衛戦争であると信じ込んでいました。その戦争が国内の不平分子の裏切りによって敗北に終わり(短刀伝説)、不当なヴェルサイユ条約という《強制命令》を押しつけられた結果、ドイツは恥辱と賠償の重圧に苦しめられることになったというわけです。こうしてドイツ人の心の中には戦勝国への怨恨が堆積することになります。マルティン・ニーメラー牧師の弟ヴィルヘルム・ニーメラーは、当時を回想して次のように記しています。

「[第一次世界大戦後]二〇年間の平和が続いた。しかしそれは平穏な時代ではなく、興奮と動揺の時代であった。そこでは冷たい戦争が多様な形で展開した。人々は相変わらず敗北した世界大戦への復讐を思い、いわゆる奴隷の鎖を断ち切ることを願った。フランス、イギリスその他の戦勝国を罰し、彼らに復讐することがまさに必要なのだ――こうした雰囲気が続いた。自由と復讐、この二つの言葉が将来の歴史の上に覆いかぶさるように立っていた」（W. Niemöller, 1964, S. 572）

こうした政治風土に加えて、もう一つ、ドイツ・プロテスタンティズム独自の要因として、特にルター派の神学者たちの間で《創造秩序の神学》が浸透していたことに注目したいと思います。その代表者はエマヌエル・ヒルシュやパウル・アルトハウスたちです。彼らは、歴史的・自然的に生成した形成物、たとえば家族、民族、国家を個人に優越する神聖な《創造の秩序》とみなし、こうした創造の秩序から直接、神の意思を引き出すことができると考えました。とりわけ、「多くの神学者たちにとっては、《民族》（フォルク＝Volk）がその特殊性を維持・強化・拡充するために支配圏・勢力圏を拡大する権利を持つことは、神によって創造の中に組み入れられた秩序原理であった」のです。ナチズムの生物学主義的な民族賛美と並んで、この《創造秩序の神学》は、「領土と支配、生存圏とドイツの主導権を求める戦争準備を道徳的に正当化する」という精神的影響を及ぼすことになったと言えるでしょう（G. Brakelmann, S. 42）。

とはいうものの、第一次世界大戦期における戦争神学、戦争説教によるキリスト教会の脱線への反省、大戦という総力戦のもたらした一、〇〇〇万人以上にのぼる死者と莫大な人的・物的損害という惨禍の記憶は、敬虔なキリスト者や教会指導者たちの心に、戦争はやはり避けたいという想いをも抱かせたはずです。

＊参照

河島幸夫『戦争・ナチズム・教会』、第四章「第二次世界大戦前夜のドイツ福音主義教会」

(2)　ズデーテン（チェコ）危機と平和祈禱礼拝

ヒトラーは公共の場での演説ではヨーロッパの平和を唱えていましたが、実際には軍備を大増強し、武力を背景にした威嚇的外交政策を展開しました。彼は一九三六年のラインラント非武装地帯へのドイツ軍の進駐を強行し、一九三八年三月十三日には自分の故郷であるオーストリアをドイツに併合しました。さらに同年、当時流行の民族自決というスローガンを口実にして、チェコスロヴァキア内のドイツ系住民の多いズデーテン地方の割譲を要求しました。これをチェコスロヴァキア政府が拒否すると、同年九月二十六日、ヒトラーはチェコ侵攻の決意を演説しました。その結果、ヒトラーのドイツと、チェコスロヴァキアを支援する英仏両国との間に、一挙に戦争勃発の可能性が高まったのです。

ハンス・アスムッセン
(1898-1968年)

戦争を不可避と判断した告白教会指導部は、ドイツ全国の教会で九月三十日に戦争防止を祈る平和祈禱礼拝を行うことを計画し、アスムッセンが起草した礼拝式文を全国の教会に発送しました。そこには、驚くべきことに、まずキリスト者と教会と民族の罪が告白されていました。

「主なるわれらの神よ、われら哀れな罪人は、あなたにわれらの教会、その指導部、各個教会とその牧者たちとの罪を告白します。愛なきわれらは、あなたの御言葉の前進をしばしば妨げ、人間への恐れからあなたの御言葉への信頼をしばしば失いました。……われらはあなたの御前でわが民族の罪を告白します。あなたの御名はわが民族の中でそしられ、あなたの御言葉は攻撃され、あなたの真理は抑圧されてきました。……

戦争のざわめきが全世界を覆っているこの時、神の言葉に耳を傾け、神が戦争と平和を支配し給う主であることを心に刻もう。……

神が恵みによってわれらとわれらの国とを戦争から守り、われらとわれらの子どもたちとに平和を送ってくださるように、お願いしよう。……

主よ、われらの神よ、われわれから戦争を遠ざけてください。すべての諸民族の支配者たちの心を動かしてください。神よ、彼らが各国を平和に向かって統治するように導いてください、アーメン。……

神の前でわれらは召集された兵士たちのことを思い起こす。彼らが故郷と家庭、妻子のもとを離れねばならなくなり、やがて敵軍の前でさまざまの窮乏に悩み、傷つき、あるいは病を負い、捕らわれの身となり、あるいは死に向かう時にも、神よ、どうか彼らを強め給え。……

われらは戦争が銃後の故郷全体にも多くの心労と危険をもたらすことを知っています。神がそこでもわれらに慰めを与え給うように。……

われらは、残忍な復讐心の誘惑に陥り、憎しみの虜になったすべての人を思い起こす。また、その国土を戦争によって脅かされている人々を思い起こし、彼らすべてのために祈る。……

主なるわれらの神よ、すべての危険の中にある者たちを恵みの中に受け入れ給え。われらを試みにあわせず、すべての肉体的悪と精神的悪とから、われらとすべての人間とを救い出し給え。……

イエス・キリストは言われる。『これらのことをあなたがたに話したのは、わたしにあって平安を得るためである。あなたがたは、この世ではなやみがある。しかし、勇気を出しなさい。わたしはすでに世に勝っている』（ヨハネ一六・三三）」（*KJ*. S. 263ff.）

この礼拝式文には、自国の正当性や戦争の熱狂を示す言葉が全く見当たりません。何よりもまずキリスト者と教会の罪責が、さらに自民族の罪責さえも表明されています。それはまさに、第二次世界大戦の敗戦半年後にドイツ福音主義教会の理事会が発表した「シュトゥットガルト罪責宣言」の先駆けであるという印象を与えます。そしてまた、ここにひしひしと感じられるのは、戦争のもたらす苦難を予想した重々しい雰囲気です。そこには第一次世界大戦の開戦期に見られたような興奮は全く見られません。戦争や兵士を讃えるような内容も見られません。戦時にあっても平時と変わることなく熱狂に捕らわれず、神の言葉に仕えることが何よりも強調されています。こうした基本姿勢が、それ以後も、とりわけ告白教会のさまざまな文書や表明に見られる特徴の一つとなりました。

ところで、戦争勃発の危機が迫った一九三八年九月二十九日、英仏独伊の四か国首脳会談（チェンバレン、ダラディエ、ヒトラー、ムッソリーニ）がミュンヘンで行われました。そこで調印されたミュンヘン協定は、チェコスロヴァキアの願いを無視して、ドイツへのズデーテン割譲を決めてしまいました。その結果、チェコを犠牲にして戦争の危機が回避されます。そこで、告白教会は、計画していた平和祈禱礼拝を急きょ中止しました。それにもかかわらず、ナチス当局はこの計画を売国的裏切り行為として攻撃し、告白教会指導部のフリッツ・ミュラーほか数名は牧師免職処分を受けねばなりませんでした。

このチェコ危機の際にヒトラーは、ズデーテン割譲要求がドイツの最後の領土要求であって、それが達成されればヨーロッパに永続的な平和が訪れる、と公言していましたが、それは真っ赤なウソでした。その一年後にヒトラーはドイツ軍にポーランドへの侵攻を命令して平和を破壊してしまったからです。

＊参照
河島幸夫『戦争・ナチズム・教会』、第四章「第二次世界大戦前夜のドイツ福音主義教会」

(3) 開戦と教会の反応

一九三九年九月一日早朝、ドイツ軍がポーランドに侵攻しました。ヒトラーの予想に反して三日、英仏両国はドイツに宣戦を布告しました。ついに第二次世界大戦が始まったのです。その時のヨーロッパの人々は、第一次世界大戦の開戦期の高揚感とは全く違って、熱狂しませんでした。あきらめの中で、来るべきものが来たという受けとめ方でした。

1 戦意高揚型の反応

それでは、ドイツの教会はこの二度目の世界大戦の開始をどのように受けとめたのでしょうか。まず、ドイツ的キリスト者に牛耳られた帝国教会が発表した「ドイツ福音主義教会の声明」（九月二日）は、かつての戦争説教と同様の調子で民衆を鼓舞しています。すなわち、

「昨日からわが民族はわれらの父祖たちの国を守る戦いの中にある。かくしてドイツの血はドイツの血に帰りゆくことが許されるのである。ドイツ福音主義教会は常にドイツ民族の運命と忠実に結合してきた。教会は鋼鉄の武器に、神の言葉からくる不屈の力を与えてきた。……それゆえわれらは、わが民族と一体となって、この時にもまた、総統と帝国のために、国防軍全体のために、また銃後で祖国に奉仕するすべての人のために、とりなしの祈りを捧げる。われらが忠誠を尽くすことができるように、神よ、われらを助け給え、そしてわれらに正義の平和を贈り給え」（*KJ*, S. 473）

これと似たアピールは、プロテスタントの民間団体である《福音主義同盟》の声明にも見られます。これは雑誌『プロテスタント評論』一九三九年十月号に掲載されています。

「わが民族は、一切の正義に反してわれらから引き裂かれて残虐な異民族支配に呻吟している同胞の困窮を除去するために、戦いに突入した。……わが民族の重大な運命の時に当たり、われらは主なる神に向かって、神がわれらの戦いの最後の勝利の日までわれらのそばに立ち給うて、わが民族の犠牲の道行きから、神への真の畏敬と規律ある信仰との新たな始まりを作り出し給うよう、祈願する」

(Brakelmann, S. 132f.)

以上の声明にはナチス当局による報道統制の影響がよく表れています。すなわち、福音主義教会の人々もまた、ドイツ軍のポーランドへの攻撃は、ポーランド国内で虐待されているドイツ系少数民族を保護し解放するための正当な行為である、と信じていたわけです。とはいえ、プロテスタント教会の全体としては、このような戦意高揚型の反応は少数派でした。

2　福音信仰固着型の反応

むしろ、次に紹介するような比較的冷静な、福音信仰に徹するように呼びかける反応が多かったのです。たとえば告白教会に所属するバイエルン福音ルター派領邦教会の監督ハンス・マイザーは、確かに愛国的で民族主義的な調子で、「われわれが民族との破れることのない運命共同体の中にあること」を強調してはいますが、最も重要なことは、軍部の報道をおうむ返しに繰り返すべきではなく、説教の源を常に福音から汲み出すべきだ、と説いています（『一般福音ルター派教会新聞』一九三九年、三六四頁以下）。

「われわれは何を説教すべきであろうか。日常の政治現象に対して態度を表明したり、軍の週刊報告を繰り返すようなことは、われらの義務ではありえない。……単なる時代現象に振り回されるのではなく、むしろわれらの説教は永遠の高みに到達しなければならない。それゆえわれわれは説教の動機を常に純粋な福音の源泉からくみ出すのである」（*AELKZ*, S. 364f.）

このバイエルン福音ルター派領邦教会の定めた「戦時下の福音主義宣教の使信」（一九三九年十二月）は同様の基本線を貫いています。

「福音は一つだけである。それゆえわれわれは戦時においても平時における宣教とは別の宣教を行ってはならない。福音宣教の核心、中心は、いつの時代にも、十字架につけられよみがえられたお方、イエス・キリストである。……われわれは戦時下でも福音全体を宣教しなければならない。……また救いの使信の告知は、戦争という状態を念頭に置くべきではあるが、いかなる状況においてもその内容を薄めたり、愛国心や兵士の徳目の賞賛によって取り替えてはならないのである」（Brakelmann, S. 276ff.）

こうした基本姿勢は他のルター派領邦教会の指導者たちの間にも見られるものであって、それはいわば福音信仰固着型の反応と呼ぶことができます。すなわち、第二次世界大戦の開戦期においては教会指導層のかなりが戦争熱の中に巻き込まれることを意識的に避けて、冷静に教会本来の中心課題に集中しようとしている姿を思い浮かべることができるのです。

3　告白教会指導部の沈黙

それでは、告白教会の指導部は第二次世界大戦の開戦に際してどのように対応したのでしょうか。残念ながら、告白教会としての公式の表明はありません。一年前、一九三八年秋のチェコ・ズデーテン危機に際しての告白教会による平和祈禱礼拝に関わるナチス当局からの大弾圧の打撃を受けて、告白教会の指導部は開戦期に声明を出せる状態に回復していませんでした。ただ、告白教会の中で最も意識の高かった古プロイセン合同告白教会の指導部は、ディートリヒ・ボンヘッファーが国防軍情報部に関係していたおかげで、一九三九年九月一日にドイツ軍がポーランドに侵攻するという情報をキャッチしていたようです。しかし結局、声明は出されませんでした。

告白教会の指導者のひとり、ヴィルヘルム・ニーゼルは後に次のように慨嘆しています。

「われわれは〔戦争という〕この出来事の中にわが民族とその政府とに対して下された神の裁きを見た。教会が一年前に警告を発し、その声が空しく拒否された後で、われわれはこの裁きの中に引き入れられ、それにじっと耐えねばならないと考えた」（W. Niesel, S. 208）

古プロイセン合同告白教会が開戦後、公式に戦争の出来事について発言したのは、開戦から約二か月後の一九三九年十月末の日曜日の「宗教改革記念日のための説教壇告知」においてでした。

「われらは重大な運命の時に宗教改革記念日を祝う。……われらはキリスト者として民族の生存をかけた戦いによってわれらに課せられた重大な責任を感じる。マルティン・ルターが解明してくれた、あの神の真理を今こそ真剣に宣べ伝え、証言しなければならない。すなわちわれらの中心課題は、死ぬも生きるもわれらの主イエス・キリストにのみ信頼し、従わねばならないということである。それゆえ説教者たちにお願いする。ちょうどかつてフリードリヒ・ヴィルヘルム一世〔十八世紀のプロイセン王で、兵隊王と呼ばれた〕が言ったように、『キリストを説教し給え。それ以外のことは、すべてばかばかしいことだ』という言葉を肝に銘じていただきたい」（Niesel, S. 209）

ここでは確かに、当時のナチス体制の常套句であった「民族の生存をかけた戦い」というスローガンをそのまま使用するという脱線を犯しています。しかしその後で、プロイセン王の言葉を引用して、イエス・キリストにのみ従うことを力説することによって、教会にとって何が最も重要なのかを示そうとしている点に注意したいと思います。

＊参照
河島幸夫『戦争・ナチズム・教会』、第五章「戦争と教会――第二次世界大戦とドイツ福音主義教会」

(4) 戦時下の説教——福音信仰固着型の優位

1　国粋的・民族主義的説教

それでは、その後、戦争状態が深まるなかで、どのような説教が行われたのでしょうか。開戦期に続いて国粋的・民族主義的類型の説教を取り上げましょう。大衆伝道家パウル・ル・スールは、彼が編集する『ホーホヴェーク』誌（一九三九年、二六五頁）の中で、次のように書いています。

「厳しい時代が始まる。……ドイツ国民の第一の兵士たる総統は国会に、兵士に、ドイツ国民に、世界に語りかけた。……今やわれらの父母と子孫との国土が、ドイツの名誉と自由が賭けられている。……真に大切なものは、われらの小さな命でもわれらの快適な市民生活でもない。大切なものは勇敢な犠牲である。地上の万物の中で民族と祖国こそは、男たちから生命を、女たちから最愛の人の犠牲を強く求めることが許される最高の、唯一のものである」（Brakelmann, S. 146）

こうした主張は、神の意思と民族の意思を同一視する宗教的民族主義へと高まります。パウル・ル・スールは同じ雑誌の別の号で次のように補完しています（同誌、二八一頁）。

「今やわれらは戦いと犠牲と苦難の中で偉大な共同体の中に溶解する。……われらがドイツ人であることは単なる偶然ではなく、神の意思である。神の意思がわれらをドイツ人に創造されたのだ。神がわれらに委ねられた地上の賜物の中で、ドイツは最高のものである」。

これと同様の類型に属するのが、ブラウンシュヴァイクの聖堂説教師ハンス・ショーメルスです。彼は戦争を「神からの召命」として受けとめ、この召命に服従することを通じて、戦争の中で信仰を実証するように呼びかけます。個人誌『決断の中の信仰と民族』（一九三九年）の中で、彼は「英雄と聖者」と題して次のように記しています（一〇五頁以下）。

「戦争は平和の生活秩序を越える新しい生活秩序である。……戦争をわれらに対する神の裁きであると考えるのは、真理でもなく、キリスト教的でもない。なぜなら戦争は、神の意思と律法とによれば、男性的生活という高い形態への召命だからである。この召命に喜んで従うのが、キリスト者としてのわれわれにふさわしいことなのだ」（Brakelmann, S. 149f.）

ドイツ的キリスト者たちの説教がこうした愛国的・民族主義的類型に属することは、言うまでもありません。彼らの場合は、さらに、戦争を挑発した元凶として敵国への憎しみが強調されることになります。

しかし、こうした《戦争説教》は、福音主義教会全体から見れば、決して支配的な類型ではなく、第一次世界大戦の時と比べてはるかに少なかったのです。

2　キリスト論的集中——告白教会牧師層

以上のような戦意高揚型とは全く異なる説教類型を示しているのが、告白教会の牧師たちの説教です。たとえば、ベルリンの牧師フリードリヒ・フレミングは彼の『教会通信』（一九三九年九月）の中で教会員たちに向かって次のように語っています。

「私たちが長い間恐れていたことが、やはり起こりました。新しい戦争が私たちの上に到来したのです。二十五年前に〔第一次〕世界大戦が起こりました。……私の体には手榴弾の破片がまだ残っています。……われらの主が戦争を通して私たちに告げようとされる第一の言葉は、『おまえたちはわたしに背き、わたしの声に聞き従わなかった』という言葉です。

私たちは《私たちの至らなさ、罪、罪責》を主の前に告白し、頭を垂れます。……私たちは、反キリスト教の力、礼拝と聖餐との荒廃、聖書の知識と祈りの力との欠如、わが民族の中にも浸透した完全な非キリスト教化の動き、これらを思い起こします。しかし私たちは、私たちのために十字架につけられた救い主を見上げて、慰められます。……神は裁きを通じて、私たちを悔い改めと信仰とへ導かれるのです。……

崩壊するかもしれない世界よ。……われらの主イエス・キリストの恵みが皆様すべての上にありますように」(Brakelmann, S. 151f.)

フレミングにとって教会を取り巻く状況は、戦争への突入によって、終末の印のように思われました。こうした見方によれば、この戦争は決してドイツ民族の生存のための戦いではなく、むしろ神の声に聞き従わなかった人間の罪に対して下される神の怒り、神の審判です。こうした黙示録的解釈の光の下では、まず何よりも人間自身の罪責告白と悔い改めが要求されます。そしてこの神の裁きの出来事を通して、十字架と復活の主イエス・キリストを再び発見し、そこに集中することこそ、最も重要な中心課題であるとされるのです。

だからフレミングの語りかけの中には、ドイツ民族の賛美や総統ヒトラーへの祝福の言葉はありません。むしろ「憎しみの大波が打ち寄せる時代の中で」病める者、死に行く者、苦悩する者への慰めと連帯の言葉が語られます。そこから私たちは、このような姿勢がナチス当局の求める姿勢とは対立するものであることを知るのです。なぜなら、イエス・キリストの福音への告白のみを中心とすることは、バルメン宣言にも見られるように、民族や国家や指導者を絶対的なものとしたり、神の意思を体現し実行するものとみなしたりすることを否定することになるからです。

こうした基本姿勢の説教や文書が教会員大衆に行きわたれば、人々の心の中にはナチスのイデオロギーに対する一種の精神的な砦が築かれることになるでしょう。もちろんそうした説教や文書は、直ちに教会員たちを積極的な反ナチ抵抗へと鼓舞するものではありません。しかしそこに流れる基本姿勢が少なくとも積極的なナチス・イデオロギーの浸透に対してそれなりのブレーキ役となりうることは、疑いないのではないでしょうか。そうした意味で、民族・国家・総統への賛辞を表現せず、「キリスト論的集中」をアピールすることは、ナチス当局にとっては見過ごすことのできない挑戦であり、危険思想とみなされたのです。その証拠に、フレミングの『教会通信』は謄写版で刷られ、教会員たちだけに配られたのに、その一枚が警察当局の手に渡り、フレミングは九か月も拘留されてしまいました。

3　福音宣教重視型の優位と教会生活の再生

第二次世界大戦下のドイツにおける教会での説教には、全体としてどのようなタイプのものが多かったのでしょうか。それを推定する間接的な手がかりは牧師層の色分けです。

一九三〇年代半ばにはドイツ全体の牧師約一九、〇〇〇人のうちドイツ的キリスト者約二、〇〇〇人、牧師緊急同盟の会員約八、〇〇〇人、中間派が約九、〇〇〇人でした。戦時下（一九三九―一九四五年）には、牧師の多くが徴兵や志願によって出征兵士になったこともあって、牧師緊急同盟の牧師数は半減して約四、〇〇〇人となりますが、それでもドイツ的キリスト者の倍はいたわけで、中間派の牧師にも告白教会への心情的同調者が多かったと言われています。そうすると、説教の内容という点でも、福音宣教重視型が多かったことは容易に推定されます。

こうして第二次世界大戦下の説教の多くは、第一次世界大戦の場合と異なって、戦争宣伝の道具とならず、何よりも福音宣教の推進に全力を傾けたのでした。戦時下の多くの説教に見られる特徴は、罪責告白と悔い改めへの呼びかけであり、民衆の苦難を共に担い取ろうとする牧会的姿勢であり、真の慰め人として十字架と復活のイエスを再発見するという、いわば《キリスト論的集中》でありました。

具体的な教会活動として教会員たちは、戦場や獄中にある牧師・長老・信徒のためにとりなしの祈りを捧げ、救援献金を集め、兵士たちにポケット聖書を送りました。聖書研究会や祈禱会、日曜学校や婦人会、聖歌隊の活動がいっそう推進されました。

こうした教会生活を通じて牧師と信徒、また信徒同士の絆は強められました。かつては牧師任せの《牧師教会》（Pastorenkirche）であった状態から、やがて信徒たちの積極的な活動に支えられた《民衆教会》（Volkskirche）へと成長できたのです。

このようにして戦争の前半には衰退しつつあった教会生活は、戦争の後半には、厳しい弾圧と戦争被害にもかかわらず、回復へと転じました。教会離脱者の数は激減し、逆に礼拝出席者の数は急増しました。献金の額も、戦争末期には戦争初期に比べて八倍にもなりました。こうして戦時下に教会生活は再び活発となり、民衆は教会生活の中に究極的な内面的支えを再発見し、民衆への教会の影響力も強化されたのでした。

＊参照
河島幸夫『戦争・ナチズム・教会』、第六章「戦時下ドイツの宗教弾圧と教会生活」

(5) 戦時下の宣教――《二王国論》と《キリストの王権的支配》

二度目の世界大戦を迎えたドイツの教会の人々は、戦争そのものをどのように受けとめていたのでしょうか。そこには宗教改革者マルティン・ルターの二王国論の影響が見られます。

この二王国論の出発点は《キリストの国》と《この世の国》とをはっきり区別することです。ルターによれば、《キリストの国》は愛とゆるし、平和と信仰の支配する国であり、真のキリスト者たちの国であるが、現実には真のキリスト者はごく少なく、悪と憎しみによって動かされる人間が多く、そのまま放置すれば人類は破滅に向かうから、それを阻み、人類の生存を保持するために、神は権力者を立て、統治をゆだねられた、それが《この世の国》である、それゆえわれわれは権力者に従わねばならない、というわけです。

告白教会の指導部に属する匿名の人物によって出された謄写版のパンフレット「神学倫理上の内省」は、この線に沿って次のように述べています（『ドイツ福音主義教会年鑑』一九三三―一九四四年、初版、三五一頁以下）。

「戦争に関する神学倫理上の内省は、霊的なキリストの国とこの世的な国家権力の国との区別から出発しなければならない。すべての人が真のキリスト者ならば、この世の国家権力の統治は余計なものとなるだろう。その時には、強制や権力がなくても、人間や諸民族の秩序ある共同生活が保障されるであろう。……それゆえ霊的なキリストの国では法と平和とを暴力によって強制する権力は存在しえない。キリストの名において人間の首が切られたり、キリストの名において戦争が行われたりすること——たとえ純粋な自衛戦争であれ——は、不可能である。なぜならキリストは、わたしの国はこの世のものではない、とおっしゃっているからである。

しかし真のキリスト者はごく少ない。……罪と悪魔との支配のもとに立つ人間は、もし拘束力を持つ権力のもとに入らなければ、互いに殺し合うことになろう。罪と悪魔との支配の中に陥った人間を外的に拘束するために、神は純粋な憐れみと慈悲心から、この世の国家権力という統治をお立てになった。キリストの福音との出会いに至るまで、またキリストの再臨との出会いに至るまで、人間自身に委ねられ互いに殺し合っている人間は、〔全滅しないように〕保持されねばならない。そのために神は国家権力をお立てになったのである。これが、この世の国家権力の国と霊的なキリストの国との関係である」

（*KJ*. S. 351f.）

そこでこうした出発点から、戦争や政治がこの世の国に属する事柄であり、他方、福音の宣教や教会の活動がキリストの国に属する事柄だから、両者ははっきりと区別され、混同は許されないことになります。すなわち、この世の国を司る国家権力は、時間的に有限な相対的次元で、神の委託に基づいてこの世の人間を相互殺害や滅亡から守り、秩序と平和を守るために、外的な働きだけをするように限定されているのだから、国家権力の統治が人間の内面に介入することは許されないのです。

「福音の説教によって霊的な国を立てることは、地上に住む生きた人間を前提とする。まさにこうした霊的なキリストの国の建設の前提条件を可能にするのが、世俗の国家権力である。それゆえこの世の国家権力の統治は、この地球が時間的に限られたものであるように、時間的に限られている。しかしキリストの国は永遠である。それゆえこの世の国家権力の統治は内面においてその機能が制限されている。すなわち、それは救済の機能を持たず、ただ罪を防止する機能を持つにすぎない。国家権力は人間を罪と悪魔との支配から解放することはできない。それをすることができるのは、ただ福音のみである。それゆえキリストの国だけが救済の国である。国家権力は、罪と悪魔との支配が人間の外的行動に影響を与えて、互いに殺し合うことがないように防止することができ、またそれだけをするべきである」(*KJ*, S. 352)

そこで以上のような前提から、キリスト者にとってどのような帰結が引き出されるでしょうか。まず戦争への参加、兵役の是非についてはどうでしょうか。ライプツィヒ大学の神学教授マルティン・デルネは「戦時下の教会の宣教」と題して『一般福音ルター派新聞』一九三九年十月二十日号に次のように書いています。彼によれば、神からの限定された委託に基づいて国家権力がキリスト者に対して戦争への参加を呼びかける場合には、キリスト者はそれを拒否してはならない、と言います。

「キリスト者は戦争のもたらす困窮と残酷さを百も承知しているにもかかわらず、さわやかな良心をもって兵役を引き受けるべきである。その場合、兵役は罪ではなく、逆に『善きわざ』であり、神ご自身が要請する、隣人と民族への愛の検証である」(Brakelmann, S. 273f.)

こうしてキリスト者は、国家が求める戦争協力に喜んで応じるのです。特に外国の侵略に対して祖国が自衛戦争を遂行する場合には、キリスト者はやましい心を持つことなく、兵役につくことができるわけです。しかし、もしも権力者が神の御心に背いて不正な支配や戦争、たとえば侵略戦争を始めた場合には、どうでしょうか。ルターは、そのような場合にはキリスト者は権力者に従ってはならない、と言います。とはいえ、現実の戦争が自衛戦争か侵略戦争か、国民にはなかなかわかりません。歴史上常に、戦争を始める国家は必ず自衛戦争を口実にします。前述の「神学倫理上の内省」を書いた匿名人物は、ルターの論文「軍人もまた救われるか」の中から次のような箇所を引用しています（前掲『ドイツ福音主義教会年鑑』三五五頁）。

「『もし私の主人が不正な戦いをしたならばどうか』。もし、彼が不正であることを、あなたが確実に知っていたら、使徒行伝〔使徒の働き〕五章二九節にあるように、あなたは人よりも神を恐れ、神に従うべきであり、戦ってはならず、仕えてはならない。なぜなら、その時あなたは、神に対して安らかな良心を持つことができないからである。……しかし主人が不正であるかどうかわからず、もしくは、これを知ることができないときは、あなたは不正確な正しさのゆえに確かな服従を弱めないで、愛に基づいて最善のことを主人に期待すべきである。なぜなら『愛はすべてを信じ、悪を行わない』（Ⅰコリント一三・四―六）からである」（*KJ*. S. 355）

これを単純に読めば、国家が不正な戦争を引き起こした場合には、キリスト者は兵役につくべきではなく、戦争に奉仕してはならないということになります。しかし告白教会の匿名の著者は、そうした兵役拒否や不服従の可能性には一切触れていません。むしろ力点はルターの文章の後半部分に置かれます。つまり、現代の戦争ではいずれの国も自国の安全と存立を防衛することを口実として戦争を行うし、また国家当局と各自の判断とが一致しない場合も少なくない。事態は簡単な判断を許さないほど複雑な場合も多い。そこで匿名氏は次のように結論しています。

「神学倫理上の内省は、国家の憲法に規定された場合を除き、臣民の側から国家権力の責任を問う可能性を認めていない。神学倫理は暴君殺害にも革命戦争にも許可証を与えることができない。この場合にも『主が言われる。復讐はわたしのすることである。わたし自身が報復する』〔ローマ一二・一九〕という命題が思い出される」（*KJ*. S. 353）

要するにキリスト者には、国家権力の戦争遂行に反対する行動は禁止されています。ましてやボンヘッファーの参加したようなヒトラー暗殺計画に加わることは、問題外となるわけです。

それでは、キリスト者が国家権力の指示を信頼して参加した戦争が、実は不正な戦争であった場合はどうでしょうか。その場合、匿名氏は、キリスト者はどんな責任も引き受ける必要はない、と言います。むしろ国家権力こそが最終責任を引き受けるべきだと言うのです。

「戦争遂行の主体は国家権力である。国家権力は、殺すことを命じることによって戦争を行う。……ちょうど死刑を執行する刑吏が、死刑判決を下した国家権力の片腕にすぎないように、兵士は、戦争遂行を命じる国家権力の片腕として人を殺すにすぎない。私が兵士としてこの戦争で発砲するすべての銃弾の最終責任は、戦争遂行の命令を下した国家権力の所有者がこれを負う」（*KJ*. S. 356）

こうして臣民は責任の重圧から解放されます。しかし不正な戦争に加担したという良心の痛みは残るでしょう。そうしたキリスト者にとって究極的な慰めは、「神がすべてを、したがって戦争をも、戦争の終結をも、その手の中に保持しておられるということである。……神はこの地上で行われる正義と不正に無関心であられるはずがない。……神が、神だけが、真実、罪責、無実をご存じである。神は正義によって地上に方向を与えてくださる。神は、しばしばわれわれに隠された仕方で、不正に戦争を始めた民族や国家を裁かれる。……『神は、戦いを好むもろもろの民を叱り給う』〔詩篇六八・三〇〕」（*KJ*. S. 356）

要するに、不正な戦争を命じる国家権力への処罰や反抗はキリスト者のなすべき任務ではない。教会はそんなことを勧めるべきではない。それはすべて神のなさることだから、キリスト者はつつましく、国家権力の指示に従い、兵士として戦場に赴くべきである。そして教会はそうした状態を前提としたうえで、兵士たちのために、残された家族のために、そして傷つき悩む者のために祈りと救援に努めるべきだ、というわけです。

ドイツの教会は、ルターの二王国論に依拠しつつ、ナチス・ドイツにおける教会への不当な介入や迫害や弾圧を批判し、抗議しました。しかし教会は戦争そのものには反対しませんでしたし、ましてやナチス体制の打倒を叫びませんでした。これはある意味で二王国論の限界と言えるかもしれません。この二王国論を乗り越える試みは、バルメン宣言の第一命題から引き出される《キリストの王権的支配》の要求ではないでしょうか。つまり、国家の働きも教会の働きも最終的にはイエス・キリストの支配のもとにあるのだから、それに反することは国家でも教会でも許されないのだということです。ただ、当時には、この命題を現実の目の前にある戦争やナチス体制の問題に適用して行動することは、戦時下の報道統制やファシズムの強権支配にからめとられた教会にとって不可能だったのでしょう。

＊参照
河島幸夫『戦争・ナチズム・教会』、第五章「戦争と教会」

5　戦時下の宗教弾圧と抵抗

(1)　ナチズムのキリスト教観

現代の戦争が軍隊だけによって行われるのではなく、銃後の国民大衆の全面的な支援をも必要とする《総力戦》であることは、ドイツにおいてもすでに第一次世界大戦の経験によって痛感されていました。ヒトラー自身、総力戦を遂行するためには何よりも国民全体の協力と一致団結が不可欠であることを、十分認識していました。

一九三九年当時の人口調査によれば、オーストリアなどを含む《大ドイツ帝国》の全人口約八、〇〇〇万人の約九五%はカトリックないしプロテスタントのキリスト教会に所属しており、しかもナチ党員約三〇〇万人でさえ、その過半数がなおも教会税を払い続け、自分の宗教欄に evangelisch（プロテスタント）または katholisch（カトリック）と記入しているような状態でした。そこで総統ヒトラーは、開戦に際して、これまで続けてきた教会との抗争を一時停止することが、教会員大衆の戦争協力を取りつけるために不可欠である、と判断し、一種の《城内平和》の通達を出すことに決しました。まず開戦直後には、キリスト教会に敵対する一切の行動を禁止するという命令を、ナチ党に発しました。翌一九四〇年七月には内務省を通じて秘密命令を出し、「国家・党と教会の関係を悪化させる可能性のあるすべての措置は、絶対不可欠なものでない限り、これを避けるよう」に要請しています。

こうしたナチス当局の動きに呼応して、教会側でも、ドイツ的キリスト者、中間派、告白教会が対立や緊張関係をやわらげて、戦争という国家の難局に当たって祖国のために奉仕しようという城内平和のムードさえ生じました。しかしながら、その裏側ではナチス当局による告白教会の牧師たちへの給与関係の不利益処分や説教・講話禁止、保護拘禁、投獄、収容所送り、優先的徴兵、教会系出版物への禁止措置、教会関係施設・土地の接収、教会への補助金の停止・削減、教会関係民間団体の廃止などの弾圧が、むしろ強化されていったのです。

ナチス指導者たちの中には宣伝大臣ヨーゼフ・ゲッベルスのようにヒトラーの表向きの意向に従って、教会への強権的措置を一時的にせよ中止しようと考える者もいましたが、本心としてはキリスト教絶滅こそがナチズムの最終目標でした。

たとえば、ヒトラーの秘書長とでも言える地位にあるナチ党官房長官マルティン・ボルマンは、すでに一九三八年以来、教会の解体という究極目標を追求していましたが、開戦以後も教会との闘いを、たとえ従来と異なる仕方であるとはいえ、密かに続行すべきである、と信じていました。その証拠に彼は一九四一年六月に全国の大管区指導者たちあてに「ナチズムとキリスト教との関係についての秘密回状」を発送して、次のように強調しています（前掲『ドイツ福音主義教会年鑑』四七〇頁以下）。

「ナチズムの考え方とキリスト教の考え方とは一致しえない。キリスト教会は人間の無知の上に立てられ、できるだけ多くの民衆の無知を維持することに努めている。なぜなら、そうすることによっててのみキリスト教会は、その権力を保持することができるからである。これに対してナチズムは科学的基礎の上に立っている。……

われわれのナチス世界観は、本質的にユダヤ教を継承したキリスト教の考え方をはるかに凌駕するものである。この理由からもわれわれはキリスト教を必要としない。

……有害な占星術師、占い師、その他のペテン師どもが排除され、国家によって弾圧されるのと同様に、教会の影響力もまた跡形なく除去されねばならない。これが完遂されたとき、初めて国家は国民一人一人に対する完全な影響力を持つようになる。その時初めて民族と国家は、未来全体にわたって、その存在を確保するのである」(*KJ*. S. 470f.)

ここには、キリスト教とナチズムとの共存は不可能であり、ナチズムはキリスト教会の存続を基本的には容認しえないということが、はっきりと示されています。

ヒトラー自身も、戦時下での教会への圧迫の中止ないし妥協という路線に本心から転じたのではありません。その反キリスト教と教会絶滅という密かな目標は変わらず、戦争中の弾圧中止のジェスチャーは、あくまでヒトラー自身の戦術的考慮に基づく見せかけにすぎませんでした。その証拠に、たとえば一九四一年十二月十三日の、ある私的な会合において、ヒトラーはゲッベルス、アルフレート・ローゼンベルク(ナチ党世界観指導者)、ヨアヒーム・フォン・リッベントロープ外相たちを前にして、戦争勝利の暁には「教会問題の全面的解決」に乗り出す方針を明らかにして、次のように断言しています(A. Hitler, 2000, S. 150. 河島幸夫『ナチスと教会』一四、三九頁)。

「戦争はやがて終わるだろうが、余は、教会問題の解決を人生最後の課題であると考えている。その時初めてドイツ国民の安全は全面的に保障されることになろう。余は信仰の問題には無頓着である。しかし坊主が地上の問題を気にかけるようなことは、許せない。〔教会の〕組織的なウソは、国家こそが絶対的な主人であるという大前提にそって、打ち破られねばならない。

余は若いころは、爆弾による解決を選ぶという考え方をしていたが、今日では、物事はそう性急に片づけるわけにはいかないということが、わかってきた。ちょうど身体の一部が腐って、自然に身体から離れ落ちるようになれば、それが一番よいのだ。要するに、教会の末路は、おしゃべりの坊主だけが説教壇に立ち、聴衆は老女たちだけ、という状態にならなければならない。健康な若者たちは、われわれの側にいるわけだ」。

こうしたヒトラーの本心はキリスト教会の人たちには全く知られていませんでしたから、現実に行われている不当な迫害と弾圧の出来事は政府や警察の末端部局の脱線的行為であり、ヒトラー自身の目や耳には届いていないのだ、と思い込んでいるキリスト教徒たちも少なくなかったようです。しかしながら、戦時下でも実際には中止されなかったキリスト教会に対する厳しい抑圧政策に直面して、開戦初期にナチス政府当局や教会の諸方面から叫ばれた《城内平和》が単なる幻想にすぎなかったことがはっきりしてきました。そして、戦争という事態の進行につれて、ナチス当局やゲシュタポ（秘密警察）が教会を完全に破壊しようとしているのではないかという懸念さえ、キリスト者たちの間に生じるようになってきました。そうした民衆意識の変化を、ディートリヒ・ボンヘッファーは一九四一年十月、十一月の「国防軍への請願書」の中で次のように記しています。

「少なくとも戦争期間中は教会敵視の措置が中止されるであろうという福音主義キリスト者の希望は、

ほとんど裏切られました。何千人もの福音主義の聖職者たちが兵役について祖国に奉仕し、高い評価を得ています。特に前線からの報告によれば、彼らの多くは負傷し、戦死しました。さらに何百万人もの忠実な福音主義教会の教会員たちがすべての前線で働いております。そうした時に他方では、銃後において教会敵視の措置がますます厳しい形で実施されているのです。そこで各地の教会の間では、党とゲシュタポが戦争という非常事態を故意に利用して、聖職者たちのいない戦争中に福音主義教会を破壊しようとしているのではないか、という懸念が、徐々に広まっています」(D. Bonhoeffer, 1959. S. 428.)

このボンヘッファーの文章からも、第二次世界大戦下のドイツのプロテスタント教会がきわめて困難で厳しい状態に置かれていたことが推察されます。すでに戦争前のナチス第三帝国の六年間(一九三三—一九三九年)に、カトリック教会とともにプロテスタント教会もまた、ナチス当局やドイツ的キリスト者系の教会官庁の手で大きな迫害を受け、多数の逮捕者や解雇者を出していました。そこへ戦争が起こったのです。各個教会の多くは牧師や信徒の応召・出征によって教会活動の主要な担い手を奪われました。さらに、残されたものの上にも当局の弾圧は容赦なく加えられました。それでは、こうした過酷なファシズム体制の戦時下において各個教会の牧師や信徒たちはどのように対応したのでしょうか。

＊参照
河島幸夫『戦争・ナチズム・教会』、第六章「戦時下ドイツの宗教弾圧と教会生活」

(2) 兵役問題——徴兵と志願

第二次世界大戦が始まったとき、ドイツの福音主義教会のキリスト者たち、特に告白教会の会員たちは、この戦争に兵士として参加するということ、つまり兵役問題をどのように受けとめたのでしょうか。そもそも戦争それ自体に反対して兵役を拒否するという生き方は、絶対平和主義を掲げるメノナイトやクエーカーなどごく少数の《歴史的平和教会》に限られており、それ以外のキリスト教会は、カトリックもプロテスタントも東方正教会（ロシア正教、ギリシア正教など）も、侵略戦争の場合を除いて、自衛戦争のように「正しい戦争」なら兵役につくことを容認してきました（正戦論）。

ドイツのキリスト者たちの大多数はカトリックかルター派、改革派、合同教会の会員であり、ナチスの時代にも告白教会の牧師や信徒たちの中には、祖国防衛の熱意に燃えた愛国者が多かったのです。当時は、第二次世界大戦が無謀なナチス・ドイツの侵略戦争である、と判断できるドイツ人はごく少なかったのです。「当時のすべてのキリスト者たちは、ほとんど例外なく、官憲には男子を兵役に召集する権利があると確信していた」のです。したがって、戦争そのものに反対する声は、教会組織からもキリスト者たちからもほとんど聞かれませんでした。むしろ、祖国の危急に際して、キリスト者は良心と信仰に基づいて武器による防衛の義務に服従しなければならない、と考えられました。

ドイツの軍服のベルトのバックルには、ビスマルクの時代からヴァイマル共和国を経て第三帝国の時代に至るまで、常に「神われらと共に」（GOTT MIT UNS）という合言葉が刻まれていました。神と共に戦うということが、まさにキリスト者にとって重要な信仰的義務でした。そしてこうした基本姿勢が、ドイツ的キリスト者から告白教会の会員に至るまで、ほとんどすべての福音主義教会の人々にとって、共通の自明の事柄であると信じられたのです。

確かにドイツ教会闘争の開始以来、告白教会はドイツ的キリスト者に対して、またその背後にあるナチス政府の教会政策に対して果敢な抵抗を試みました。しかし告白教会の会員の多くは、ナチス政府のそれ以外の政策、特に国粋的で威嚇的な外交政策に対してはむしろ好意的な姿勢を示したのです。当時の福音主義教会のキリスト者たちは、ニーメラー牧師やテオフィール・ヴルム監督を含めて、他の多くの牧師たちと同じように、とりわけヨーロッパにおけるドイツの自由と権利を主張し、大ドイツ民族国家の建設を叫ぶヒトラーのナショナリスティックな政治目標を支持していました。

こうした福音主義教会の牧師たちが、一九三九年九月の開戦に直面したとき、愛国的な祖国防衛の心情に捕らえられたとしても、不思議ではありません。多くの牧師たちは、開戦という出来事の中に神からの呼び出しを感じ、自己のキリスト教信仰を軍務の中で実証しなければならないと考えました。告白教会における抵抗のシンボル的な存在となったニーメラーでさえも、開戦一週間後にザクセンハウゼン収容所の獄中から海軍総司令官エーリヒ・レーダー提督あての次のような書簡で、海軍の兵役を志願しています。

「私は、黒色国防軍時代から海軍士官としての職を放棄していましたが、これまで、召集令状の来るのを待っていました。しかし私は今、改めて志願兵として召集されるように申告します。私は一九一四年から一九一八年の戦争の全期間、最前線で活動しました。そして一九二〇年、スパルタクス闘争の時には再びルール地方で男爵フォン・ヴァッター中将の指揮下に戦いました。

私は今四十七歳ですが、心身ともに任務遂行に支障はありません。私に適当な軍務を与えてくださるようお願いいたします」（D. Schmidt, S. 100. 雨宮訳、一一九頁を修正）

ニーメラーの兵役志願は結局かなえられませんでした。彼自身、戦後、アメリカの『ニューズ・ウィーク』誌の記者に向かって、「みずから軍務につくことによって、ヒトラーに対する抵抗運動を起こそうと考えていた」と語ったそうです。しかし、もしもニーメラーが、祖国の興亡をかけた危急の事態に際して、ヒトラーのドイツではなしに、ドイツ国民のドイツを守るために、戦場において武器をもってする祖国防衛の任務につきたいと考えたとしても、それは彼の経歴からして不思議ではありません。当時のニーメラーの心の奥底には、やはりまだ、若いころに培われた伝統的なドイツ・ナショナリズムの心情が残っていたと思われるからです。

ところで、今日のわれわれ日本人から見れば、兵役を志願することによって、軍隊の中でナチスに抵抗する道を探るという発想は理解しがたいところかもしれません。しかし当時のドイツ国防軍は、一九三九年の段階では、まだナチスの強制的同質化が浸透していない領域であるとみなされており、多くのドイツ人は、軍がナチ党の支配から自由な空間である、と信じていました。実際、ナチスの時代を通じて、国防軍の一部によって何回も繰り返された反ナチス、反ヒトラーの陰謀計画、クーデタ計画を見ても、こうした軍に対する評価は、ある程度当たっていたと言えるでしょう。

こうした軍への一定の信頼があったために、告白教会の牧師たちは、ナチス政府やドイツ的キリスト者系の帝国教会当局による激しい弾圧や迫害に直面して、銃後における耐え難い圧迫を逃れ、教会政治上の軋轢を避けるためにも、かなり積極的に軍務につく道を選んだのでした。実際、国防軍最高司令部は教会官庁に対して、兵役についた告白教会牧師とその家族とに、寛大な措置を講じるように要請しています。しかし、こうした軍の要請をドイツ的キリスト者系の教会官庁は必ずしも受け入れませんでした。教会担当大臣ハンス・ケルルは、告白教会の牧師たちに対して不利な措置をとることも遠慮しませんでした。

このようにして第二次世界大戦においては、ドイツの全牧師数約一九、〇〇〇名のうち、半数近くの約八、〇〇〇名が兵役につき、そのうち一、八五八名が戦死しました。先の第一次世界大戦の時と同じく、ドイツの牧師層は、すべての職業集団の中で兵士として最大の犠牲者を出しました。前線においては、軍服を着た元牧師たちはきわめて誠実に職務を遂行しました。彼らは、日々死と向き合う厳しい軍隊生活の中で、肉体と魂をすり減らす困苦にさいなまれつつ、ドイツ人としての義務とイエス・キリストの牧者としての義務を追求しました。告白教会の多くの若い牧師や神学生たちは、軍隊の中にあっても、できるだけ多くの戦友に福音を宣べ伝え、あちこちで信仰の共同体をつくり出しました。彼らにとっては、軍隊のただ中でも人々のために牧会（魂への配慮）をなしうるという事実は、まさに神の摂理として受けとめられたのです。

＊参照
河島幸夫『戦争・ナチズム・教会』、第六章「戦時下ドイツの宗教弾圧と教会生活」
同『ナチスと教会』、第一章「独裁国家と教会」

(3)　兵役拒否と兵役忌避

告白教会の牧師や信徒の中には、戦争の到来によって厳しい心の緊張や内面的葛藤の中に陥る人が出てきました。つまり、かなりのキリスト者は、危急の中にある祖国への熱い思いと、ヒトラーの戦争政策への疑念との間のジレンマに悩むようになります。確かに彼らもまた、ドイツに正当な自由と権利が与えられるべきだと考えてはいましたが、そうかといって際限のない領土拡張や占領地での他民族の奴隷化が正当化されるはずはありませんでした。ナチス当局による教会への迫害、ユダヤ人への過酷な差別措置、ナチスのイデオローグたちによる新異教主義（ゲルマン神話）の鼓吹、これらの重苦しい事実に直面したとき、誠実なキリスト者たちは、自分たちの祖国とヒトラーの支配するドイツの現実とを同一視することに、ためらいを感じ始めたのです。しかしながら、この戦争に積極的に反対したり、あるいは兵役を拒否したりするなどということは、当時のほとんどすべてのキリスト者たちには、まだ思いもつかないことでした。

こうした状況の中で敬虔なプロテスタントの作家ヨッヘン・クレッパーは、開戦直後の九月三日の日記に次のように記しています。

「私たちは恐ろしいドイツの分裂を予測したくない。第三帝国に対する苦々しさから、外国から脅かされているこの時にも、反乱や暴動を望んだりすることはできない」（J. Klepper. S. 798. 抄訳書、二一四頁）

ドイツの圧倒的多数のキリスト者たちと同様、クレッパーにとっても、ナチス政権を打倒することなど考えられなかったし、やはりドイツの勝利を願わずにはいられなかったのです。告白教会の指導者の一人でクールマルクの総教区長オットー・ディベリウスは、戦争中に誠実なキリスト者が陥った内面的苦悶を、次のように記しています。

「兵役拒否者たちは直ちに銃殺された。この点についてはナチスにとって何の問題もなかった。しかし教会に連なるものは次のようなディレンマに悩みつつ応召していった。『もしドイツが勝てば、教会はおしまいだ。もしドイツが負ければ、想像もつかぬ崩壊がやってくる』。こうした葛藤を心に抱きつつ、告白教会の会員たちは戦地に赴いた。私自身の息子たちも同じであった。心の重荷は耐え切れぬほどだった」(Dibelius, 1961, S. 202)

もともと伝統的にドイツのプロテスタンティズムにあっては、第二次世界大戦の最後に至るまで、絶対平和主義や兵役拒否の思想が正当なものとして受け入れられたことはありませんでした。戦争が起これば、戦争という状況の中で、また平和な時代には平和な状況の中で、各自が置かれた所与の状態を前提としたうえで、官憲によって課せられた任務を神が指定した責務として誠実に遂行するというのが、臣民精神によって培われたドイツ・ルター主義の倫理だったからです。

しかしながら第二次世界大戦中には、ついに告白教会の中から、それも牧師ではなく信徒の中から、信仰に基づいて兵役を拒否ないし忌避する者が現れました。そのうちの一人、ヘルマン・シュテールは、非武装・非暴力による絶対平和主義を掲げる世界的なキリスト教民間団体である《国際友和会》(International Fellowship of Reconciliation ＝ＩＦＯＲ)のドイツ支部総幹事でした。彼は「七たびを七十倍するまで兄弟をゆるせ」というイエスの教えと、「最も多く信じる者が最も多く〔国を〕守るであろう」というルターの教えとに依拠して、武器をもってする祖国への奉仕ではなく、武器なき方法による祖国への奉仕を選び取った結果、ヒトラーへの忠誠宣誓と兵役とを拒否したのです。これに対して裁判所は一九三九年十月十日と十一月一日に、シュテールに対して懲役一年の刑を言い渡しました。シュテールは一九三九年十一月二日、この判決を不服とする上申書を提出しました。その中で彼は兵役拒否の理由を次のように具体的に説明しています（E. Röhm/ J. Thierfelder, S. 116）。

「一般に妥当する積極的なキリスト教の理解によれば、神はすべての祖国よりも高いところにいまし給います。神の意思は無条件に妥当します。もしあえて神の意思を無視しようとすれば、それは、すべての国にとって最大の厄災となるでしょう。神の意思はキリストと聖書とにおいてわれわれに示されています。

民族と民族との関係については聖書の中に三つの道が示されています。

A　律法主義的・ユダヤ的な道。つまり『眼には眼を、歯には歯を』という道です。

B　異教的な道。これはレメク（創世記四・二三―二四）によって次のように語られています。『わたしは受ける傷のために人を殺し、受ける打ち傷のためにわたしは若者を殺す。カインのための復讐が七倍ならば、レメクのための復讐は七十七倍』。

C　キリストの道。『私の兄弟を幾たびゆるさねばなりませんか』という問いに対して（マタイ一八・二一―二二）イエスは言われた、『七たびではなく、七たびを七十倍するまで』。

ヘルマン・シュテール
（1898–1940 年）

この積極的なキリスト教の道は、善によって悪に報いねばならないと教えており、私の民族との結びつきにおいても、民族と民族との交わりにおいても、私を拘束します。この理由から、私は武器をもってするよりも、もっと良い方法で私の祖国に奉仕したいと思います。……

私の理解と積極的なキリスト教の理解とは次のとおりです。神と良心への服従からなされることは、決して民族と国家とを損ないません。それはまた、決して刑罰を科すべきことであるとか、不名誉なこととみなされてはなりません。ここでもまた、一五二二年にルターが彼の選帝侯〔フリードリヒ〕に書き送ったことが、妥当します。すなわち『最も多く信じる者は、ここで最も多く〔国を〕守るであろう』。それゆえ私は武器を握らなくても私の民族との結合をゆるがせにしておりません。

以上により、私に下された一九三九年十一月の判決の詳細な再検討と、その無効の確認とをお願い申し上げます。

ハイル・ヒトラー！

ヘルマン・シュテール」

こうしたシュテールの申し立ては退けられました。しかも帝国戦時裁判所は一九四〇年三月十六日、「防衛力を棄損したかどで」、シュテールに対して死刑の判決を下したのです。死刑は同年六月二十一日、ベルリンのプレッツェンゼーで執行されました。戦後まもなくこの死刑場跡の近くに建てられたシュテールの墓碑には、「スベテノ者ガ一ツトナルタメニ」（UT OMNES UNUM SINT）というエキュメニズム（世界教会運動）の標語が刻まれています。まさに「シュテールは、自らの良心に従って死に至る道を進んだ唯一の福音主義教会の会員であった」と言っても過言ではないでしょう。

告白教会におけるもう一人の兵役拒否者、正確には兵役忌避者マルティン・ガウガーは、テュービンゲン、ベルリン、ロンドンの諸大学で法学、経済学を学び、一九三四年から判事補として勤務していましたが、公務員としての良心に基づいてヒトラーへの忠誠宣誓を拒否しました。その後、ガウガーは福音信仰に支えられて告白教会の指導部のために、またルター派の領邦教会の《ルター評議会》のために法律顧問の弁護士として精力的に働きました。とりわけ、迫害された多くの牧師、信徒への法律上の援助に全力を挙げました。リューベックの牧師七人が強制収容所から解放されたのは、ガウガーの尽力に負うものでした。

一九三九年九月に第二次世界大戦がヒトラーによって引き起こされたとき、ガウガーは彼自身の深刻な問題に直面します。すなわち、キリスト者として不正な戦争に参加することが許されるかという問題です。彼にはむしろ、クエーカー教徒たちのように兵役を拒否して受難の道を選び取るべきではないかと思われたのです。彼の友人ヘルマン・シュテールは兵役拒否のためにすでに起訴され、裁判にかけられていました。この模範がガウガーを勇気づけたようです。彼は、法と正義を踏みにじる暴政を行うナチス官憲のために戦争に馳せ参じることはすべきではない、という結論に傾いていったのです。

マルティン・ガウガー
（1905–1941年）

一九四〇年四月、召集令状を受け取ったガウガーに対して、友人たちが彼の良心の葛藤をやわらげてやろうとして、軍関係の事務職につくチャンスを提供しようとしたとき、彼は次のように答えました。

「僕は一時、もし武器を使わない任務につけるのなら、この戦争に耐えることができるかもしれない、と考えたことがあった。しかし、やはりこれは心の狭い、まちがった考えだ。それにそもそも卑怯でもある。今、僕はどんな種類の軍務にもついてはならないと思っている。少なくともこの戦争ではそうである。この戦争は自衛戦争ではないのだから。……主計局のような仕事なら、肩の荷が軽い、と長らく考えたものだ。武器を使わなくてもよいわけだから。しかしやがて僕は自問しなければならなかった。戦うことと、戦う者に武器や食料の世話をすることと、この両者はどう違うのか、と。そうだ、違いなどありはしない。僕はこの戦争の後押しをすることはできない、いい。血と涙の大海がよその国をおおうのを手助けすることはできないのだ」(A. Leber/ W. Brandt/ K. D. Bracher, S. 110)

これより前、一九三八年にはインドのマドラス大学が、また第二次世界大戦の始めにはジュネーヴの国際赤十字がガウガーを招聘しようとしていました。しかし彼はそれらをも断り、ドイツに残って法律家としての自己の職務に忠実であり続けようとしたのです。それにもかかわらず、彼が最後には愛するドイツから逃亡するという道に追い込まれたのは、「もうドイツには自分にとって活動の余地が残されていない、という苦い認識」に到達したからでした。

一九四〇年の五月始め、ガウガーは、まだ氷のように冷たいライン川を泳ぎきって、オランダへの亡命を図りました。しかし、やがて中立を侵犯してオランダに侵攻したドイツのナチス武装親衛隊によって彼は捕らえられ、拷問を加えられました。彼はその後、デュッセルドルフの拘置所を経て、オラニエンブルク強制収容所に、ついでブーヘンヴァルト強制収容所に送り込まれました。そして過酷な重労働の後、ドレスデン近郊の安楽死施設ゾネンシュタインで一九四一年七月十三日、殺害されました。

ガウガーがかつて法律顧問として働いていたルター評議会は、ナチス体制への猜疑心を徐々に強めていたにもかかわらず、兵役拒否や逃亡行為を容認せず、ガウガーの事件を「精神錯乱」による発作的なものと認定したそうです。

こうした教会側の冷淡な反応からもうかがえるように、兵役拒否の問題は、第二次世界大戦中においては、教会にとってまだ検討すべき重要問題としては認識されていなかったのです。シュテールやガウガーの兵役拒否事件は、教会組織全体の中では、あくまでも個人的で異常な突発的ケースとして扱われたのです。しかし、そうした一般的雰囲気の中にあって、それにもかかわらず、あえて信仰に基づく良心的兵役拒否を実行したシュテールやガウガーは、戦争と平和の問題に関するドイツの教会の基本的姿勢に一つの重要な転換を促すための道備えとしての役割を果たしたと言えるのではないでしょうか。

なお、ドイツ福音主義教会に所属しないバプテスト、メノナイト、メソジスト、クエーカーなどの自由教会の姿勢についてここで取り上げる余力は、私にはありません。ただ、伝統的なキリスト教会からは異端視されている《エホバの証人》(Zeugen Jehovas) のことについて、少しだけ触れておきたいと思います。彼らは当時のドイツでは《熱心な聖書研究者》(Ernste Bibelforscher) とも呼ばれ、独自の聖書解釈に基づいて唯一神エホバのみを崇拝し、イエス・キリストの神性や三位一体 (父・子・聖霊) を否定します。また一切の偶像崇拝を拒否するほか、この世のすべての支配権力を、政治権力も宗教権力 (特にカトリック教会) も含めて、悪魔の手先とみなしました。そして、終末直前の最終戦争 (ハルマゲドン) が近づいているとして、信仰者は固く《政治的中立》を守るべきであるから、戦争や政治に参加してはならず、エホバにのみ忠実でなければならない、と考えました。そこで具体的な実践行動としては、まず当時のナチス・ドイツにおいて日常的な挨拶用語として奨励されていた「ハイル・ヒトラー!」という《ドイツ式敬礼》が拒否され、また議会選挙での投票や祝祭行事への参加、国旗掲揚、国歌斉唱も一切拒否されました。また彼らは公務員としてのヒトラーへの忠誠宣誓を拒否し、また兵役をも拒否しました。

そこで、エホバの証人たちはナチス当局から「国家に敵対する危険な存在」とみなされ、その組織はナチスの政権掌握直後に全面的に禁止されました。しかし彼らは禁止措置を無視して、定期刊行物の『ものみの塔』や『黄金時代』などの冊子を広範に配布し、また抗議文書をヒトラーあてに発送し、各戸の郵便受けに投げ入れ、執拗に宣教活動を続行しました。これに対して警察、親衛隊、ゲシュタポ（秘密警察）は全力を挙げてエホバの証人の弾圧に乗り出します。

その結果、一九三三年から一九四五年に至る第三帝国の時代に、ドイツのエホバの証人の総数一九、二六八人のうち六、〇一九人が逮捕され、約二、〇〇〇人が強制収容所に送られました。刑務所で死亡した者六三五人、死刑に処せられた者二〇三人を含めて、第三帝国において殉教したエホバの証人の死者数は少なくとも二、五〇〇人と推定されています。これはドイツ福音主義教会における殉教者（死者）総数二一名（兵役拒否、宣誓拒否、能動的抵抗、その他すべてを含めた数）に比べると、驚くべき数字というほかありません。

＊参照
河島幸夫『戦争・ナチズム・教会』、第六章「戦時下ドイツの宗教弾圧と教会生活」

(4)　反ナチ抵抗運動と教会

以上のような兵役拒否者とは異なりますが、兵役拒否の動機から出発して、絶対的平和主義を越えて暴君殺害の可能性を含む能動的抵抗に加わった神学者・牧師が、ディートリヒ・ボンヘッファー（一九〇六―一九四五年）でした。彼は、最終的には、ヒトラー暗殺を含む政府転覆のクーデタ陰謀計画に参加するという道を選び取りました。

ナチス政権が成立した一九三三年始め、すでに「これは戦争を意味するものだ」と直感したボンヘッファーは、いち早くナチズムの危険性を見抜いていたようです。ヒトラーを放っておけば、ドイツは再び戦争に突入し、ヨーロッパ全体が破滅への道を直進するであろう、なんとしてもこれを防ぎ、平和をつくりださねばならないと念じたボンヘッファーが、最初に模索した道は絶対平和主義と兵役拒否の試みでした。

ディートリヒ・ボンヘッファー
(1906–1945 年)
〔ドイツ　1995 年発行の切手〕

「われわれの今日の戦争は、もはや闘争という概念には当てはまらない。なぜなら、今日の戦争とは、相戦う両者が確実に自分を破滅させることであるからだ。したがって戦争は、もはや啓示をめざす保持の秩序とは認められない。戦争とは、まさに単純に言って、絶滅させることなのだから。……今日の戦争は人間の魂と肉体とを絶滅させる。われわれは決して戦争を神の保持の秩序として、したがって神の戒めとして認めることができないし……今日の戦争、したがって将来起こりうべき戦争は教会によって全く拒否されねばならない。……われわれはここで絶対平和主義の言葉を恐れるべきではないのだ」（Bonhoeffer, 1968, S. 155. 森野善右衛門訳、二四頁以下を修正）

そこで彼は、武器をもってする兵役を拒否しなければならない、と決心します。ヒトラーの不正な侵略戦争に加担することは、ボンヘッファーの良心とは一致しなかったのです。彼の兵役拒否の願いは、アメリカ人の理解者たちの助力により、ユニオン神学校での講師の地位が与えられることによってかなえられました。しかしアメリカに到着したものの、彼の心は決して休まりませんでした。彼は一九三九年六月二十日から一か月に満たぬアメリカ滞在の後、再びドイツに帰国することを決意しました。七月始め、ボンヘッファーは当時の心境をアメリカの神学者ラインホルド・ニーバーあての手紙に次のように書いています。

「私は、自分がアメリカへ来たのはまちがいだった、という結論に達しました。私は、私たちの国の歴史の困難な時期を、ドイツのキリスト者たちと共に生きなければなりません。もし私がこの時代の試練を同胞と分かちあうのでなければ、私は、戦後のドイツにおけるキリスト教生活の再建に参加する権利を持たなくなるでしょう。告白教会の兄弟たちは、私がアメリカへ行くことを、希望しました。私にそうするよう勧めたのは、彼らにとっては正しいことだったのかもしれません。しかし私がアメリカに来たのは、まちがいでした。……ドイツのキリスト者は、キリスト教文明が生き残るために自国の敗北を望むか、あるいは自国の勝利を望んでそれによってわれわれの〔キリスト教〕文明の破壊を招くか、という恐ろしい二者択一の前に立たされることでしょう。そのうちのいずれを選ぶべきか、私にはわかっています。しかし私は、わが身を安全地帯に置いたままで、そうした選択をすることはできないのです」(Bonhoeffer, 1958, S. 320.)

ボンヘッファーは、やがて当初の兵役拒否の道を進むことをやめ、教会的抵抗の枠からも離れて、ついにヒトラー打倒を目指す《能動的抵抗》、つまりヒトラー暗殺計画に参加するようになりました。

しかし告白教会自体は教会組織として、こうした能動的抵抗を奨励したことも、指令したこともありませんでした。ドイツの告白教会が行った抵抗は、ボンヘッファーが選び取ったものとは異なる形態であって、それは教会的抵抗、受動的抵抗だったのです。マルティン・ニーメラーの弟ヴィルヘルムは、そうした教会の《抵抗》を次のように定義しています。

「福音主義的抵抗は、『王と力ある者との前で』、つまり公然と、神の真実を証言することにある。……たとえよく引用される『人に従うよりは、神に従うべきである』という言葉で結ばれていなくても、すべての正義をつくりだす説教、すべての説教壇告知が抵抗であった。告白教会のために献金や会費を集めることが抵抗であった。迫害された者たちの名前を礼拝で読み上げること、彼らのためにとりなしの祈りを捧げることが、抵抗であった。《安楽死》に対して患者を守ることが、抵抗であった。……追放措置を拒否し、演説禁止措置を破ることが抵抗であった。とりわけ迫害されたユダヤ人を救援するすべての努力が、抵抗であった。要するに第三帝国においてキリスト者たらんと欲するものは、この帝国の中では、永久の抵抗状態に身を置くほかなかったのである」(W. Niemöller, 1963, S. 260f.)

ここにヴィルヘルム・ニーメラーが定式化している《抵抗》こそは、まさに告白教会が実行した抵抗でした。それは教会的抵抗であり、教会内抵抗でした。それはまた、受動的で非政治的な抵抗でした。そこでは、実力行使・武力行使は認められず、ヒトラー政権そのものの打倒やヒトラーの暗殺計画などの能動的・政治的抵抗は除外されていました。やがてボンヘッファーが国防軍情報部に入り、ヒトラー暗殺計画に参加した容疑で逮捕されたとき、告白教会の「とりなしの名簿」にボンヘッファーの名前は入れられなかったのです。

しかし、ヴィルヘルム・ニーメラーの言う《抵抗》の場合でも、実際に抵抗を行った人々は大きな苦難と犠牲を覚悟しなければなりませんでした。彼は、当時の牧師総数約一九、〇〇〇人のうち、のべ三、〇〇〇人の牧師たちが投獄されたと推定しています。彼らは第二次世界大戦それ自体に明確に反対したり、兵役を拒否したりしたわけではありませんでした。しかしこうした数値は、ナチス政府と党幹部、親衛隊や秘密警察が、教会やキリスト者たちの受動的抵抗をナチス支配体制にとって危険なものと受けとめていたことを物語っています。

ファシズムの特徴の一つは、体制側の政治思想や行動様式を積極的に支持しないすべての個人や集団を非国民、敵対者とみなし、迫害することです。したがって、まさにナチス当局の声高なスローガンに踊らされず、沈黙することとさえも、小さくない勇気を必要とするものであり、それを実行することは、《雄弁な沈黙》とでも呼びうる一つの抵抗姿勢であったと言えるでしょう。独裁政治の中へ精神的・宗教的に組み込まれることを拒否する禁欲的態度は、それ自体、ある意味で確かに第一級の政治的な行為にほかならないからです。実際、教会の礼拝や宣教活動を通じて養われてきた信仰の力は、戦争が深まるにつれて、教会員大衆の心の中に再生し、ナチスの政治宣伝・戦争宣伝、イデオロギー攻勢に対する一種の免疫として作用しえたと言われています。とすれば、教会の受動的・非政治的抵抗のみならず、教会固有の礼拝、牧会、宣教活動それ自体が、教会自身の主観的意図を越えて、客観的には一つの重要な政治的意義を持ったと言えるでしょう。そうした教会のありようは決して過小評価されてはならないと思います。

＊参照

河島幸夫『戦争・ナチズム・教会』、第六章「戦時下ドイツの宗教弾圧と教会生活」

(5)　ユダヤ人救援活動——グリューバー事務所

迫害されたユダヤ人を救援したプロテスタント教会系の組織はなかったのでしょうか。今のところ確認されている唯一の組織は《グリューバー事務所》(Büro Heinrich Grüber) です。

この救援組織を立ち上げたハインリヒ・グリューバー（一八九一—一九七五年）は、オランダとの国境に近いラインラントのシュトルベルクに生まれ、教会や福祉施設で働いて後、一九三四年四月にベルリン郊外のカウルスドルフ教会の牧師になりました。彼は多くの牧師たちと同様、保守的ナショナリズムに近く、一時、右翼の鉄兜団や政権掌握前のナチ党に入党したこともありました。しかし一九三三年九月に牧師緊急同盟が、そして後に告白教会が結成されると、これらに参加しました。一九三五年のニュルンベルク諸法によってユダヤ人への差別措置が本格化したのに対して、告白教会の全国指導部である第二次暫定教会指導委員会は、「福音主義の非ア

ハインリヒ・グリューバー
（1891–1975 年）

ーリア人〔ユダヤ人〕を救援すること」をグリューバーに委託したのです。

一九三六年秋、グリューバーはベルリンのオラニエンブルク通りに《福音主義教会非アーリア人救援機関》（Kirchliche Hilfsstelle für evangelische Nichtarier）を開設し、一九三八年にゲシュタポ（秘密警察）に設立認可を申請しましたが、応答はなく、しかし始めのうちは禁止もされず、黙認の形でした。この救援機関はゲシュタポによって《グリューバー事務所》と呼ばれるようになります。

グリューバー事務所の本部は一九三九年二月にベルリンのシュテヒバーン通りに移転し、三五人が活動に参加しました。主な人物はヴェルナー・ジルテン、マルティン・アルベルツ、パウル・ゲルハルト・ブラウネ（いずれも牧師ないし福祉施設長）、フリードリヒ・ユストゥス・ペーレルス（法律家）たちです。またドイツ全国の二〇以上の都市に支部が結成され、各地に数名ずつのスタッフが活動しました。その中でブレスラウの女性副牧師カタリーナ・シュターリッツは一九四二年三月にマールブルクで逮捕され、同六月にラーフェンスブリュック強制収容所に入れられましたが、一九四五年一月に釈放され、一九四九年まで存命しました。彼女を含めて全ドイツで一〇〇名以上のスタッフがユダヤ人救援活動に従事したことになります。その結果、グリューバー事務所は約一、六〇〇人のユダヤ人の海外移住を可能にしました。

グリューバー事務所の活動内容は、第一に、ユダヤ人の海外移住＝亡命を支援すること、第二に、海外での就職を世話すること、第三に、高齢者などへの福祉活動、資金援助、第四に、子どもの教育相談、第五に、牧会カウンセリングです。この事務所の本来の任務は、プロテスタントの洗礼を受けて福音主義教会に所属するユダヤ人を守ること、ユダヤ人と結婚したドイツ人の家族を守ることでしたが、やがてはキリスト者でないユダヤ人も救援するようになりました。

グリューバー事務所の活動が始めのうちゲシュタポから黙認されたのは、ナチスのユダヤ人政策が第二次世界大戦勃発の一九三九年まではユダヤ人の国外追放を推進していたからでもあります。しかし、やがてユダヤ人の強制収容所への収容が強化されるようになると、グリューバー事務所に対するゲシュタポの姿勢は急速に厳しくなります。グリューバー自身、何回もゲシュタポに呼び出され、尋問を受けました。

あるとき、係官の親衛隊将校アドルフ・アイヒマンからこう言われました。「グリューバーさん。あなたはユダヤ人の親戚もないから、ユダヤ人を助ける必要はないでしょう。……どうしてそんなことをするのですか」。グリューバーは次のように答えました。「エルサレムからエリコに行く道のことを知っていますか。ある時、その道端に、強盗に襲われたユダヤ人が横たわっていました。人種の点でも宗教の点でも異質なサマリア人が通りかかり、彼を助けました。私たちにもすべてこう呼びかけられているのです、『行って同じようにしなさい』と〔ルカ一〇・二五―三七〕」。アイヒマンは一瞬面食らったそうです（H. Grüber, 1968, S. 128f.）。

このような《善きサマリア人》としての働きによってグリューバー事務所は、少なくないユダヤ人を助けることができました。その代償としてスタッフたちの多くは、自己の安全や生命を失わねばなりませんでした。たとえば、牧師ジルテン、法律顧問ペーレルス、公務員パウル・ハイニッツらです。グリューバー自身も一九四〇年十二月十九日、ゲシュタポに逮捕され、ザクセンハウゼンをへてダハウへ送られ、そこの強制収容所で二年半もの囚人生活を強いられました。彼の歯はほとんどへし折られ、肉体も生死の間をさまよいましたが、九死に一生を得て、一九四三年六月二十三日に釈放されました。

グリューバー事務所によって命を救われたラビ（ユダヤ教師）の一人マルティン・リーゼンブルガーは、

戦後、グリューバーの六十五歳の誕生日に次のような祝辞を送っています。

「ある小さな村に一本の樫の木が立っていた。健やかな時も苦しい時も、村人たちはこの木の下に集まった。何度も嵐が吹き荒れたが、この木を倒すことができなかった。……尊敬するグリューバー先生、あなたの生涯を表すたとえとしてこれよりもふさわしいものがあるでしょうか。あなたは狂乱の嵐に恐れることなく立ち向かい、……迫害された人々の権利を代弁しました。その頭上には人間尊重の冠、隣人愛の冠、平和の冠が輝いています。……敬愛するグリューバー兄弟よ、あなたに心から感謝します。あなたの銀髪に神の祝福がありますように！」(H. Grüber, 1956, S. 18f.)

グリューバー牧師が逮捕されると、グリューバー事務所はゲシュタポによって閉鎖されました。それ以後、残されたスタッフたちの活動は地下に潜らねばなりませんでした。しかし、ユダヤ人救援活動は何百もの牧師家族によって受け継がれました。

グリューバー事務所の活動は、告白教会の指導部である兄弟評議会に報告されていました。またグリューバー事務所は、ユダヤ人救援のためにカトリック教会系の聖ラファエル連盟やユダヤ人組織の指導者レオ・ベックたちと協力し、また海外では英国教会のジョージ・ベル主教をはじめ、スコットランド、アメリカ、スウェーデン、スイスなどの諸教会と連絡を取って、少なからぬ精神的・資金的援助を得ることができました。

グリューバー事務所で働いた人々にとっては、真剣な救援活動にもかかわらず国外移住に成功しなかったケースが大きな負い目となりました。その中にプロテスタント作家ヨッヘン・クレッパーの一家がいます。彼は、二人の娘を持つユダヤ人女性と結婚しており、何回もグリューバーに相談に来ました。長女のイギリス亡命後、クレッパーは深い苦悩の末、一九四二年十二月十日、ついに妻子とともにベルリンの自宅で命を絶ったのです。

ダハウ収容所においてその報に接したグリューバーは、次のように記しています（Grüber, 1956, S. 44 u. 113)。

「これらの兄弟姉妹をすべて思い起こすとき、われわれは彼らのそばに立って告白する、『われらの罪、われらの罪、われらの大きな罪』と」

「なぜなら、われわれがもっともっと真剣に努力していたら、何万、何十万もの人々がガス室行きを免れていたであろうから」

ところでグリューバー事務所の活動は、前述のように、告白教会の全国指導部からグリューバーへの委託によって開始されたのですが、グリューバー事務所それ自体は告白教会の正式の機関ではありませんでした。ですから、その活動に参加した人々は、各自が個人の責任において協力したのです。当時のナチス支配下では、ドイツ人がユダヤ人に好意的な行動をすれば、肉体的危険や死の可能性を覚悟しなければなりませんでした。そうした状況の中であえて組織的なユダヤ人救援活動に参加・協力することは、途方もない勇気を必要としたに違いありません。

ヨッヘン・クレッパー
（1903–1942 年）
〔ドイツ　1992 年発行の切手〕

告白教会に参集したキリスト者たちの中から、ボンヘッファーが期待したとおり、犠牲者・困窮者を解放し、救援する組織が形成されたことは、決して低く評価されてはならないでしょう。

＊参照

河島幸夫『ナチスと教会』、第二章「ナチスのユダヤ人迫害とプロテスタント教会」

(6) ナチス《安楽死作戦》への抵抗

1 優生学の広がりと断種法

ナチス系のドイツ的キリスト者信仰運動のスローガンの一つは、「無能者・低価値者に対抗して民族を守る」というものでした。これは優生学とか優生思想に基づいた主張です。

十九世紀の後半に進化論を唱えたイギリスのチャールズ・ダーウィンの影響下に、彼の従弟フランシス・ゴルトンは「劣等な人間を減らし、優秀な人間を増殖して、民族・人種の強化・発展を図る研究」として優生学（eugenics）を提唱しました。優生学に基づく優生思想は先進国の支配層や有識者の間に普及し、それを国家の政策として法制化する動きが広まります。

「劣等者、低価値者」とみなされた子どもの誕生を阻止する方法として、現在なら出生前診断が問題となっていますが、当時は断種、つまり不妊手術（sterilization）が普及し始めました。これは精管または卵管を結束して、受精を阻止するというものです。一九〇七年、アメリカのインディアナ州で最初の断種法が作られ、やがて北欧諸国、次いでナチス・ドイツへ広がりました。こうした動きの影響を受けて日本でも戦前の一九四〇年に国民優生法が制定され、戦後の一九四八年に優生保護法として強化されて約半世紀間実施され、一九九六年にやっと優生思想を示す条文が削除され、法律の名称も母体保護法に改正されました。

2　遺伝病子孫予防法から《安楽死作戦》へ

ナチズムのイデオロギー的特徴の一つは、「優等人種による劣等人種の支配」を中心とする民族至上主義です。これは優生学的人種主義と言えるものです。それは対外的には支配民族としての北方ゲルマン人種（当時のナチスの流行語ではアーリア人種）の優越と東方スラヴ人種の奴隷化、《ばい菌》たるユダヤ人の根絶を意味し、対内的にはドイツ民族の人種改良を目指して、優秀な人間の増殖と「生きるに値しない生命」の抹殺とを意味しました。

ヒトラー自身、一九二五年の著書『わが闘争』の中で、「健全な精神は健全な肉体にのみ宿りうる」と豪語し、「国家は、明らかに何らかの病気を持つ者や悪質の遺伝のある者、さらに負担となる者を生殖不能と宣告し、それを実際に実施すべきである」と主張していました（Hitler, 1935, S. 276 u. 447. 訳書、上三二九頁、下五〇頁）。これは国家による強制断種、強制中絶の法制化の主張です。

一九三三年にヒトラーが政権を握ると、七月十四日、内閣によって遺伝病子孫予防法（ナチス断種法）が制定され、翌年一月一日から任意・強制の断種を実施するようになりました。さらに一九三五年の改訂によって、強制の人工妊娠中絶もまた合法化されます。この法律の対象とされた疾患は、当時、遺伝病とみなされた先天性の知的障害、統合失調症、そううつ病、てんかん、ハンチントン病、視覚障害、聴覚障害、先天性身体障害、重度アルコール依存症です。

ナチスの時代十二年間に遺伝病子孫予防法に基づいて約三五万人（全人口の二〇〇人に一人）が不妊手術

を施されました。そこには多くのキリスト教系の福祉事業、すなわちプロテスタントの内国伝道＝ディアコニー（Innere Mission, Diakonie）およびカトリック系のカリタス（Caritas）の病院、療養所、福祉施設の患者たちも含まれていました。

たとえば、ドイツの内国伝道における最大の総合福祉施設ベーテル（ビーレフェルト市の郊外）では、当時の患者約三、〇〇〇人のうち一、〇〇〇人余りが不妊手術を受けました。今日の視点から見れば、ベーテルの施設長フリードリヒ・フォン・ボーデルシュヴィング牧師やカルステン・ヤスパーセン医師が不妊手術の実施を容認したことは、まことに残念でなりませんが、当時は、遺伝性疾患の発生を予防するためには不妊手術が適切な医学的処置であるとみなされていたのです。とはいえ、断種を容認したことは、生きている患者の強制安楽死まで是認することを意味しませんでした。実際、ベーテルのボーデルシュヴィング牧師やカルステン医師は、ナチス《安楽死作戦》に反対して患者たちを守るために全力を傾けたのです。

ナチス・ドイツにおいて強制断種は法律に基づいて実施されましたが、《安楽死作戦》は主として第二次世界大戦中に秘密かつ違法に、そして組織的に実行されました。その犠牲者は約二〇万人と推定され、断種の犠牲者たちとほぼ同じ疾患の持ち主でした。こうした惨禍は優生学という一つの根から生じたものであり、少なくともナチズムにおいては、優生学・断種政策・安楽死作戦は連続したものとしてとらえることができるでしょう。

悪名高いナチス《安楽死作戦》（Euthanasie-Aktion）は、一九三九年九月一日付で発せられたヒトラーによる秘密委任状に基づいています。そこには次のように記されていました。

「全国指導者ブーラーおよび医学博士ブラントは、最も厳密な診断の結果、人知の及ぶ範囲で不治と判定された患者に対しては恩恵死を与えることができるように、特に指名された医師の権限を拡大することを、責任をもって委任されるものとする。　アドルフ・ヒトラー」（*Evangelische Dokumente*, S. 8; Klee, S. 100. 松下正明訳、一二一頁を修正）

この秘密命令が出される前に、すでに《子どもの安楽死》が総統官房で計画され、敗戦までに「重度知的障害、ダウン症、小頭症、水頭症、先天性身体障害」（Klee, S. 80f. 松下訳、九四頁を修正）の子どもたち約五、〇〇〇人が殺害されました。また、大人の安楽死はベルリンの中央本部《T４》（動物公園通り四番地 Tiergartenstrasse 4 の暗号名）が担当し、内務省が協力しました。内務省保健局は全国の病院、療養所などに「計画経済上の必要により病院および療養所の実態を把握するため」（Klee, S. 91. 松下訳、一〇八頁を修正）と称して患者調査用紙を発送し、回答を求めました。この調査結果に基づいて統合失調症、てんかん、認知症、不治の麻痺、ハンチントン病、梅毒性疾患、知的障害、脳炎、犯罪歴のある精神病などの患者の引き渡しを求める灰色のバスが全国の施設に到着し始めたのです。

やがて移送された患者たちは数か所の《安楽死》施設（ハダマル、グラーフェネック、ハルトハイム、ブランデンブルク、ベルンブルク、ゾネンシュタインなど）に集められ、最も効率の良い方法として開発されたガスなどによって殺されていきました。犠牲者総数は少なくとも一〇万人、最大約二〇万人と推定されています。障害者の《安楽死》は、ナチスの行った最初のホロコースト（大量殺人）であり、ユダヤ人大虐殺のリハーサルをなすものでした。

＊参照

河島幸夫『戦争・ナチズム・教会』、第七章「《生きるに値せぬ生命》の抹殺構想とキリスト教会」および第八章「ナチ《安楽死作戦》とベーテルの抵抗」

同『ドイツ現代史とキリスト教』、第四章「ナチス優生政策とキリスト教会」

3 内国伝道の抵抗——パウル・ゲルハルト・ブラウネ副議長

ナチス《安楽死作戦》は、内国伝道にとっても史上最大の危機であり、試練でした。内国伝道に属する全国の施設や病院から多くの患者が灰色バスによって移送され、まもなく不可解な死亡通知が家族のもとに届くようになったからです。しかし、内国伝道や教会の側も、ナチス当局のなすがままに任せていたわけではありません。内国伝道中央委員会の副議長でベーテル系列下のベルリン郊外の福祉施設《希望の谷》施設長パウル・ゲルハルト・ブラウネ牧師は、ベーテルのボーデルシュヴィング施設長とともに事態を調査していましたが、ついに一九四〇年七月九日、ヒトラーあての建白書を提出し、安楽死措置の停止を訴えました。

ブラウネはまず全国の福祉・療養施設における詳細な事実経過を報告したうえで、「何千人という《生きるに値しない生命》をこの世から除去するという大規模な措置がとられていることは、まったく疑いえない」と断定し、「そうした措置を直ちに停止することが緊要である」と訴えます。なぜなら「人間の生命の不可侵性こそは、すべての国家秩序の根本支柱のひとつである」から。彼は続けて記しています。

「いわゆる生きるに値しない生命の抹殺は、どこまで拡大されるのでしょうか。これまでの集団的措置を見ると、比較的健康な人間さえも数多く移送されているのが実情です。……いかなる法的根拠もなしに人格の不可侵性を廃棄することは危険な愚行であります。……われわれは助け手のない人を世話しないで、見捨てるべきでしょうか。人間の生命がそれほどとるに足らないものなら、国家全体の道徳は危険にさらされることでしょう。……健康な者が病人や弱者を引き受け、家族が自らに課せられた重荷を喜んで背負うこと、これこそは真の民族共同体であり、最良の団結を意味するものではないでしょうか。……もしこの措置の根拠として、わが国民の栄養状態を改善するためにこれらのごくつぶしを切り捨てる必要があるのだと主張されるのなら、私としては、たとえ数十万人が殺されても、それは一、〇〇〇人の健常者に対して一人の病人が除去されたにすぎず、そんなことは〔国民全体の〕栄養状態の改善にとって何の意味もない、と反論せざるをえません。今や問題は、まさに一つの非常事態であります。それはすべての識者の心を根底から揺り動かし、多くの家庭の魂の平安を破壊し、その結果、全く予測しえない危険な奈落へと暴走しようとしています。どうかこうした措置が中止されますように、また何千、何万もの人間の運命が決定されないうちに、この問題を法、医学、道徳、国政の諸次元で慎重に見直されますように、関係当局の責任ある配慮をお願いするものであります。国家ガ何等ノ損害モ被ラヌヨウニ、指導者諸賢ノゴ配慮ヲオ願イ申シ上ゲマス！（末尾の原文はラテン語）」（*Evangelische Dokumente*, S. 21f.）

こうした内国伝道からの抗議に対するナチス当局の反撃は、ゲシュタポによるブラウネの逮捕となって現れました。

パウル・ゲルハルト・ブラウネ
（1887-1954 年）

＊参照
河島幸夫『戦争・ナチズム・教会』、第八章「ナチ《安楽死作

戦》とベーテルの抵抗」
同『ナチスと教会』、第三章「ナチス安楽死作戦と内国伝道」

4　抵抗者たち

内国伝道の施設フライシュタットのエルンスト・ヴィルム牧師は、一九四〇年末と一九四一年末に教会の礼拝説教の中で《安楽死作戦》を公然と非難しました。その結果、彼は三年間もダハウ強制収容所に閉じ込められました。

公然たる説教による弾劾という点では、カトリック教会のクレーメンス・アウグスト・フォン・ガレーン司教も忘れることができません。彼は一九四一年夏、ミュンスターの聖ランベルティ教会における一連の説教の中で、ドイツ各地での患者移送・死亡事件を詳しく取り上げ、「こうした措置は神の法にも自然法にも違反するだけでなく、ドイツ刑法第二一一条の殺人罪にも該当する」がゆえに、「私は七月二十八日にミュンスター地方検察庁と警察署とに告発を行った」と発表しました。彼は警告しています。「『非生産的な人間』が鑑定によって『生きるに値しない』とされるのなら、『不治の病人』の次には職場で負傷した者、重症の兵士に対する殺人が解禁され、最後には老衰していくわれわれすべてに対する殺人が解禁されていくであろう」と（*Bischof Graf von Galen spricht!* S. 69ff.）。

クレーメンス・アウグスト・フォン・ガレーン（1878–1946年）〔ヴィルヘルム・ラウテンバッハ画 1951年〕

さらに、持続的な粘り強い抗議行動という点では、ヴュルテンベルク州のルター派領邦教会監督テオフィール・ヴルムを見逃すことができません。彼は日本の教会闘争研究者たちにはあまり評価されていませんが、実は、平均して週に一回は中央官庁や地方政庁に抗議書簡を送りつけ、ナチスの教会弾圧、障害者《安楽死作戦》、ユダヤ人迫害などに対する批判と抗議を繰り返しました。たとえば一九四〇年七月十九日、内務大臣ヴィルヘルム・フリックに手紙を送り、ヴュルテンベルク州で多くの内国伝道施設から患者たちが安楽死施設のグラーフェネック城に集められ、殺害されていると推定し、次のように書いています。

「人間または民族は、介護を必要とする人たちが存在するという理由によって、自己に課せられた重荷を神から課せられた重荷として担い取らねばならず、こうした人たちの殺害によって彼らを排除してはなりません。……ナチス国家もまた、神によって設けられた限界を承認するのか、それとも国家の堕落をもたらす道徳の堕落を歓迎するのか、そのいずれかしかありません」(*Evangelische Dokumente, S.* 13)

以上のような内国伝道やキリスト教会からの抗議は、安楽死施設の周辺で見られるようになった近隣住民たちの不穏な空気とあいまって、ナチス安楽死作戦を一九四一年八月に一時的な中止に追い込むうえで、少なからぬ影響を与えたものと思われます。ただしこの安楽死作戦という蛮行は、実際はそれ以降も密かに続行されていました。

ヴルムの抗議姿勢の中で注目されるのは、抵抗の根拠を次第に《人権思想》に置くようになったことです。一九四三年七月十六日、ヒトラーにあてた建白書の中で、彼は主としてユダヤ人迫害を取り上げ、「ドイツの勢力圏で多くの男女が裁判抜きで迫害と抹殺の対象になっている」ことに抗議しました。ヴルムによれば、

テオフィール・ヴルム（1868–1953年）
1950年4月10日、来訪した賀川豊彦と

こうした蛮行は「人間存在と人間の尊厳という神から与えられた根源的権利そのものを侵害するものであります。まさにこの人間の神聖な根源的権利に依拠して、私たちは占領地における数々の措置に対しても厳かに反対の声を挙げます。……ドイツの福音主義教会はすべての犠牲を担い取ります。私たちは特権や優先権を欲しません。権力を求めず、暴力も好みません。しかしこの世の何事も何者も、私たちがキリスト者であること、キリスト者として神の前に正しいことに賛成することを、妨げることはできないのです」（H. Hermelink, S. 654ff.）

ヴルムは、政治思想のうえでは保守的ナショナリズムの人でした。告白教会の内部で「バルメン宣言」の基本線を守るという点では古プロイセン合同告白教会のような熱意を示さなかったのですが、戦時下の告白教会が内部での対立や混迷によって弱体化していた中にあって、彼はルター派のヴュルテンベルク領邦教会を足場として、ナチス当局への抵抗姿勢をやめませんでした。

ヴルムの抵抗姿勢は、ヒトラー政権の打倒を目指した抵抗運動とは異なるもので、あくまで非暴力の教会的抵抗と言えるものでした。これは、ナチス体制のような独裁的暴力支配に対しては、一見何の役にも立たない無力な方法のように見えます。しかしそうした抗議行動の積み重ねは、ナチス当局にとって不快な心理的圧力となったのではないでしょうか。戦時下のヴルムが重病から回復したばかりで、年齢も七十歳を超えており、常にナチス当局による逮捕や拷問、投獄の脅威を予感しながら、あえて実名で批判的な言動や抗議活動を続行したことは、それだけでも実に至難のわざと言えましょう。

さらにヴルムの抵抗において注目されるのは、その抵抗の歩みが教会の権利や存立を守るという次元から出発して、その延長線上に人間の尊厳と人権の不可侵性とを訴えるという普遍的な色彩を帯びるようになったことです。そうした意味で彼の抗議活動は、ナチスの支配下において人権と平和のために自らの逮捕を覚悟して遂行した貴重な歴史的証言でした。

＊参照
河島幸夫『ナチスと教会』、第四章「テオフィール・ヴルム監督の抵抗」

5　ベーテルとボーデルシュヴィング施設長の抵抗

ところで、ナチス《安楽死作戦》の直接の対象となった内国伝道の施設や病院からも多くの患者たちが灰色バスで移送され、殺害されていったのですが、その中で患者たちの大部分を守ることに成功したのが、ボーデルシュヴィング施設団ベーテル（v. Bodelschwinghsche Anstalten Bethel）です。

ベーテルは一八六七年、てんかんの子どもを預かる施設として創設され、一八七二年にフリードリヒ・フォン・ボーデルシュヴィング牧師が初代施設長として招かれてから、総合福祉・医療・教育施設として大きな発展を遂げました。一九一〇年に初代施設長の死とともにベーテルは第二代施設長の同名の末男、通称フリッツ・フォン・ボーデルシュヴィング（一八七七—一九四六年）によって受け継がれ、ナチスの時代を迎えます。

当時のベーテルには約三、〇〇〇人の患者と約三、〇〇〇人の職員（牧師、医師、教師、看護師などの従業員）が働いていました。このベーテルにも一九四〇年六月十四日付で、いよいよ内務省から患者調査用紙三、〇〇〇枚が送り届けられました。同年七月二十五日、ベーテルの役員会はボーデルシュヴィング施設長の提案により全会一致で患者調査用紙の記入・回答を拒否しました。そこで採用された対応方法は、全面的対決でも全面的服従でもない第三の道でした。すなわち具体的には回答の引き延ばし、作業の怠慢、当局との交渉です。ボーデルシュヴィング牧師は特に《安楽死作戦》の最高責任者の一人、カール・ブラント医師に的を絞り、手紙や訪問、話し合いなど何回もの直接交渉を重ねたのです。それは《柔軟抵抗路線》とでも言える対応方法でした。

　ベーテルのサボタージュに業を煮やしたナチス当局は一九四一年二月、一週間にわたって二二名の医師団をベーテルに派遣し、患者調査用紙への記入を強行しました。この時もベーテル側は冷静な姿勢を崩さず、ボーデルシュヴィングらは医師団をできるだけ患者のそばや作業場に案内し、一見いかに悲惨に見える患者にも人間性を見いだすことが可能であるということを、静かに説いたのです。

　しかし、ナチス当局への無用の挑発を避け、当局によるベーテルの全面的強制収用、その結果としての患者全員の引き渡しという最悪事態を招かないために、見かけのうえでは一定の協力的な姿勢を示しました。それが、ゲルハルト・ショルシュ医師のイニシャチヴで行われた全患者約三、〇〇〇人の七つのグループへの分類でした。そのうちの最重症の二つのグループに属する四一〇人が引き渡される危険度の最も高い重症の患者でした。

フリードリヒ・フォン・ボーデルシュヴィング（1877–1946年）〔ドイツ　1996年発行の切手〕

とはいえ、ボーデルシュヴィングは当局から派遣された医師団に対しても《安楽死措置》に反対するという基本姿勢を崩しませんでした。当時の彼の速記メモには次のように記されています。

「われわれはキリスト教的確信によってわが民族の最も悲惨な子らを共に世話する奉仕に結び付けられている。この奉仕に限界はない。……われわれもまた、戦時下において患者たちが民族の重荷と窮状にあずかるべきであると、考えている。……しかしそれ以上に積極的な協力をすることは、良心に基づいて不可能である」(*Hauptarchiv Bethel*, 2/39-188, Bl. 300)

こうしたボーデルシュヴィングを中心とするベーテルの人たちの必死の努力の結果、当局からの灰色バスはついにベーテルへは派遣されませんでした。ベーテルは約三、〇〇〇人の患者たちの大部分を守ることに成功したのです。

しかしベーテルも無傷ではありませんでした。ベーテルが殺害の可能性を予見せずに当局に引き渡してしまったユダヤ人患者七人と、当局による他の病院との患者交換の指令を装った移送に応じて別の病院へ送り出したドイツ人患者九五人の犠牲者が出たことを、記しておかねばなりません。

それでは、こうした「生涯で最も困難な闘い」を耐え抜いたボーデルシュヴィングを支えたものは、何だったのでしょうか。それは、一つには障害者たちとともに生きた彼の現場体験から得た確信でした。《安楽死作戦》の責任者の一人、カール・ブラント医師がベーテルを訪問し、「交流能力のない者は消えてもらわねばなりません」と強調したのに対して、ボーデルシュヴィングはこう答えています。

「先生、交流能力というものは二つの側面を持っています。重要なのは、私自身のほうもまた相手に対して交流能力があるかどうかという側面なのです。この点で私はこれまで交流能力のない人間に出会

ったことがありません」（*Evangelische Dokumente*, S. 127）

彼によれば、神によって造られた人間の中には一人として《生きるに値しない生命》や「交流能力のない人間」など存在しない。重度の障害者たちが一見そのように見えるのは、むしろわれわれ健常者が障害者の持つ人間らしさを見抜く能力、彼らと交流する能力を持っていないからでした。

さらにボーデルシュヴィングは政治思想的には保守的ナショナリストでしたが、その国家観は、「国家の存立は、苦悩する市民に対して国家がどのように相対するかに依存する」という父の国家理解と共通するものでした（M. Hellmann, S. 178）。

もちろん、ベーテルはボーデルシュヴィングだけによって守られたわけではありません。彼への協力を惜しまなかったG・ショルシュ医師やK・ヤスパーセン医師、看護師、職員、そして患者たちの祈りの共同体として、ベーテルは創立以来最大の危機を乗り越えることができたのでした。ある日、てんかんのオットー君がボーデルシュヴィング牧師の肩をポンとたたいてこう言ったそうです。「先生、僕らはみーんな先生を応援してますよ」と（W. Brandt. S. 178）。

けれども、ボーデルシュヴィングは自分たちの行為をすべて正当化しようとはしませんでした。敗戦直前の一九四五年五月、ベーテルのシオン教会の会員たちにあてた「三位一体節書簡」の中で自分たちの罪責に目を向けています。

「われわれはもっと勇敢で、もっと強くなければならなかったのではなかろうか。……われわれはわが民族の罪責と運命とに対する責任を免れえないし、免れようとは思わない。われわれはまた、強制収容所の鉄柵のうしろで、あるいはポーランドやソ連で何が起きているのか、ほとんど知らなかった、と言って自らをかばおうとも思わない。これらの犯罪はドイツ人の行為であり、われわれはその結果を共に担わなければならない。なぜなら神は、われらの父たちの悪行に対する懲らしめを三、四代の子孫に及ぼし給う、ちょうどそのように、民族の権力者たちが実行し、あるいは命令したことに対する償いを、民族全体にさせ給うからである。……それゆえわれわれは神の裁きの前にひざまずこう。そして他人を責めるのではなく、最も重い裁きをも祝福に変えてくださるお方に向かって、徹底的に回心することによって、われわれ自身の場所で再出発しようではないか」（*Hauptarchiv Bethel*, 2/91–117, S. 2）

確かにここには「ユダヤ人迫害」とか「患者の殺害」という言葉は出てきません。そうした意味ではなお具体性、明確性に欠けるという批判も可能でしょう。しかしこの書簡はベーテルの教会員たちに向けられたものですから、ここにいう「われわれ」とは、まさにボーデルシュヴィング自身とベーテルで働く人々を指していました。したがってこの書簡の中身は、やはりボーデルシュヴィングの主体的な罪責告白であったと言えるでしょう。

ナチス《安楽死作戦》の開始から五十年後の一九八九年、ベーテルは不妊手術と《安楽死》との犠牲者を悼むプレートをシオン教会の外壁に奉献しました。そこにはこう記されています。

「われわれの中に生き、ただ異なっているという理由だけで、一九三九年から一九四五年までの間におとしめられ、殺害され、葬られた人々を、心に刻もう」（*Bethel-Beiträge*, S. 24f. u. 45–49）

ナチス《安楽死作戦》によって多くの障害者たちが断種手術を施され、生命を奪われました。内国伝道やカリタスの多くの病院や福祉施設もまた、委ねられた患者たちの多くを守ることができませんでした。その中でベーテルを含めてわずかな施設だけが患者たちのかなりの部分を守ることに成功しました。しかしまた、患者の多くを当局に引き渡さざるを得なかった施設も、それなりに患者を守ろうとしたことを忘れてはなりません。こうして内国伝道が救った患者の数は約三万人にのぼると推定されています。

さて最後に、ナチス《安楽死作戦》に対する内国伝道の対応を全体として顧みてみましょう。それは、ナチス当局という圧倒的に優勢な権力者が、はるかに弱い立場の内国伝道と、最も弱い立場の患者たちに攻撃を加えたという出来事でした。そこでの加害者はあくまでナチス当局であり、内国伝道も患者たちも共に被害者であったという構図を忘れてはなりません。それゆえ、内国伝道は患者を守らなかったとか、内国伝道の担い手たちは最終的には当局への協力者だったと断定する説は、被害者である内国伝道の人々を加害者として位置づけるに等しい論理でありましょう。今日に生きるわれわれからは想像もできない当局による脅迫と威嚇の中で、言い知れぬ苦難を強いられた内国伝道の人々の欠陥のみを糾弾することは、現在という安全地帯からのみ可能な一面的評価ではないでしょうか。

ドイツのプロテスタント教会とその社会福祉事業である内国伝道とは、長らく権威主義的国家権力への服従を当然の信仰的行為とみなす四〇〇年の伝統の中で生きていました。そうした精神史的・時代的制約の中にありながら、自らその成立を歓迎したナチス政権の施策に抗して服従を拒むことは、それほど容易なことではなかったでしょう。しだいに狂暴になっていくナチス支配体制の下で、いかなる形態であれ《安楽死作戦》に抵抗した人々がキリスト教会と内国伝道の中にいたということは、決して低く評価されてはならないと思います。

＊参照

河島幸夫『戦争・ナチズム・教会』、第八章「ナチ《安楽死作戦》とベーテルの抵抗」
同『政治と信仰の間で』、第Ⅴ章「ナチス安楽死作戦への道」
同『ナチスと教会』、第三章「ナチス安楽死作戦と内国伝道」

(7) 古プロイセン合同告白教会の抗議表明

一九三四年五月に発表された告白教会の「バルメン宣言」はドイツ教会闘争において決定的に重要な文書でしたが、告白教会の内部ではこの宣言の位置づけについて二つの見解が対立していました。一つは、バルメン宣言を信仰告白と等しいものとして最重要視する見解であり、これは古プロイセン合同告白教会によって代表されます。二つ目は、バルメン宣言を重要ではあるが、参考指針として尊重するにとどめるという見解で、これはヴュルテンベルク州、バイエルン州やハノーファーなどのルター派領邦教会の基本姿勢でした。

古プロイセン合同告白教会は、獄中のニーメラー牧師を評議会議長の地位に置き続け、弁護士ヘルマン・エーラースや総教区長オットー・ディベリウス、牧師ヴィルヘルム・ニーゼルらを評議員としてほぼ毎年、地域全体の教会会議などの活動を続けました。その最後の集まりが一九四三年十月十六、十七日に開かれたブレスラウでの教会会議です。そこでは「第五戒の解釈」という決議が全会一致で採択されました。それは、いわゆるモーセの十戒の中の「第五戒」(汝、殺すなかれ)を手掛かりにして、ドイツ民族・国家・官憲が犯した殺人行為、特に異人種・異民族の殺害、犯罪者の家系に属する者の殺害、精神病者の殺害を糾弾しています。

「戦争における殺人行為が余りに広範にわたるため、われわれは、神が殺人を禁じ給うという事実に鈍感になっているようである。しかし第五戒は常に有効である。キリスト者は決して流血行為を喜ばないであろう。キリスト教の良心はそれを聞きのがすことができない。キリスト者は決して流血行為を喜ばないであろう。彼は民衆を戦争に駆り立てることを嫌うであろう。ぞっとするような戦争の随伴現象が彼の脳裏にはっきりと浮かび上がる。隣人から生きる場所を奪い、その結果、隣人が生きることができないようにしたり、また隣人を死の苦しみから救出することを怠ったりする間接的な殺人行為もまた、一種の殺人行為である。言葉と嘲笑によって隣人を精神的に傷つけること、隣人に対するあらゆる中傷、その人格に対する侮辱もまた、殺人の一種である。食料や衣服の削減、生活場所からの隣人の締め出し、他人の不幸を喜ぶ心、憎しみ、復讐心、これらもまた殺人行為の一種である。逆に神は、われわれが隣人の命を尊重することを望み給う。……

神はご自分の戒めを見張り給う。神はその戒めを踏みにじる者＝殺人者を殺すという委託を、人間に与え給うた。神は、この目的のために官憲を正義に仕える者として立て給うた。神は、生命を守るために人間を殺すこと、すなわち人間の血を流した犯罪者を処刑すること、また戦争において敵を殺すことを命じる全権を、官憲に与え給うた。そうした命令が人間や諸民族の共同体における生命の維持にとって必要であるということは、堕罪した被造物の上にある罪の呪いを示すものであり、また命令する者と服従する者、裁く者と裁かれる者がともにそこにある罪責の共同体を、示すものである。……

戦争に関しても官憲は、悪を阻止するためにのみ剣を使用する責任を、三位一体の神に負うものである。平和に生きる非武装の人間を殺してはならない。……

国家は、犯罪者を殺すこと、戦争において敵を殺すこと以外は、剣の行為を許されていない。それにもかかわらず国家がそれを行う場合には、それは恣意に基づくものであって、国家を損なうことになるであろう。……神の秩序は『抹殺』、『根絶』、『無価値な生命』といった概念を知らない。単にある人間が犯罪者の家系に属するとか、年寄りだとか、精神病であるとか、あるいは他の人種に属するとかいう理由だけで、人間を抹殺することは、神から官憲に与えられた剣の行為ではない。……

とりわけ老人たちは、今日、以前よりも一層われわれの助けを必要としている。さらにまた不治の病人、知的障害者、精神病者たちもまた、われわれの助けを必要としている。……キリスト者の隣り人とは、特に彼の助けを必要とする人のことであり、しかもそこには人種、民族、宗教の違いはない。なぜならすべての人間の生命はただ神にのみ属するからである」（*KJ*, S. 400f.）

ここで具体的に批判されているのは、第一に、ナチス支配下で秘密のうちに遂行された障害者に対する《安楽死作戦》です。この作戦によって約一〇～二〇万人の障害者、精神病者、遺伝病患者、犯罪者、認知症老人たちが「生きるに値しない生命」とみなされ、抹殺されていきました。第二に、異人種に対する殺人行為も批判されています。その代表例は言うまでもなくユダヤ人虐殺です。障害者に対する安楽死作戦で開発されたガス殺は、このユダヤ人に対するホロコースト（大量虐殺）に転用され、約六〇〇万人にのぼる犠牲者を生み出しました。これらの全体像は戦時下ドイツの教会人たちの目にはまだ十分に明らかとなっていたわけではありません。しかしそれでもなお、当時の報道統制の下にあって古プロイセン合同告白教会は、公然と、せいいっぱいの批判と抗議の声を上げたのです。

これは、まさに十戒の中の「汝、殺すなかれ」の神学的解釈に依拠した現実批判でした。確かにここには具体的な権力者名や国家の名前は名指しされていません。「ユダヤ人」という言葉もありません。しかし

「異人種」という言葉が何よりもまずユダヤ人を意味することは、当時の状況において明らかでした。また批判の対象が他国ではなく自国であること、他国の事柄ではなく自国の事柄が批判されているということは、疑う余地がありません。こうした現実批判がプロテスタント教会の組織によって公然と行われたことに、私たちは驚きを禁じえません。

古プロイセン合同告白教会は、戦争のただ中にあってもこうした姿勢を貫いただけでなく、批判の矛先を自分自身にも向けました。すなわち、戦争を通じて、あるいは戦前においても罪を犯したドイツ民族とともに、こうした十戒に背く罪を犯した民族の行動を黙認した教会自身もまた、罪責を告白し、悔い改めねばならないということを、古プロイセン合同告白教会は公式に確認したのです。

そのためにこのブレスラウでの告白会議は、最後に「悔い改めの祈禱日のために十戒に関して各個教会に送る言葉」を採択しました。これは告白会議の後の「悔い改めの祈禱日」（一九四三年十一月二十一日）の主日礼拝で「説教壇告知」として多くの教会で読み上げられました。そこにはキリスト者の罪責が率直に語られていました。

「神から与えられた生命がとるに足らぬものとされ、神の似姿として作られた人間が有用さのみによって評価されるとき、われわれとわが民族に呪いあれ。人間が生きるに値しないものとみなされ、あるいは異なる人種に属するがゆえに、人間を殺すことが正しいとみなされるとき、われわれとわが民族とに呪いあれ。憎しみと無慈悲が広まる時、われわれとわが民族とに呪いあれ。なぜなら神は『汝、殺すなかれ』と語り給うから。……

悔い改めて告白しよう。われわれキリスト者は、聖なる十戒を軽蔑し、倒錯させたことに共同の罪責を負う。われわれはしばしば沈黙した。またわれわれはあまりに臆病になり、神の十戒が無条件に有効であることにほとんど同意せず、あるいは全く同意しなかった。われわれは神の脅威を深刻に受け止めなかった。……

それゆえわれわれは、われわれのすべての共同の罪責に対して神に赦しをこいねがおう。そして神の聖なる十戒を喜んで聞き、それに従い、それをわが青年たちに喜んで教え、それを公然と証言しよう」

(*KJ*, S. 403f.)

こうした文章を礼拝という公共の場で読み上げることは、戦時下のドイツにおいてきわめて難しくなっていました。とりわけこの告白会議による「各個教会に送る言葉」の内容と比べれば、「これまでにわれわれが礼拝で読み上げてきたものは、児戯に等しい」とディベリウスが述べたほどのものでしたから、そうした「言葉」の公表を決行することは、命がけの勇気を必要としたに違いありません。いずれにしても、それはまさに、これまで教会指導部が発表したいくつかの証言の中で「最も勇敢な証言」であったと言えるでしょう。しかも幸いなことに、連合軍による空襲の騒音で掻き消されたせいか、この古プロイセン合同告白教会の「説教壇告知」はゲシュタポの手入れを免れたのでした。

＊参照
河島幸夫『ナチスと教会』、第五章「戦争末期の古プロイセン合同告白教会」

6　シュトゥットガルト罪責宣言

(1)　罪責宣言の契機

一九三三年に成立したヒトラー政権から始まったナチス・ドイツ＝第三帝国は、一九三九年に始まる第二次世界大戦を引き起こし、初期には華々しい戦果を挙げて、その占領地域はヨーロッパ全体の三分の二に拡大しました。しかし一九四三年一月、ソ連のスターリングラード（現ヴォルゴグラード）でのドイツ軍の敗北以降、ドイツは守勢に転じ、特にドイツ本土が都市を中心として米英連合軍の空襲によって焦土と化しました。一九四五年四月三十日、総統ヒトラーはベルリンの地下壕で自殺し、五月七日と八日、ドイツ軍は無条件降伏して、ドイツは敗戦を迎えました。

敗戦後のドイツでは、ナチス治下での教会闘争において組織的主役を演じた告白教会を母体として、プロテスタント教会の連合体である《ドイツ福音主義教会》（Evangelische Kirche in Deutschland＝ＥＫＤ）が形成されました。

一九四五年八月末、ヘッセンのトライザにおいて戦後初めて教会指導者会議が開かれ、テオフィール・ヴルムを議長、マルティン・ニーメラーを副議長とする一二名の理事が選出されました。そこでは、新しい教会組織の人選とともに、ドイツ福音主義教会としてナチスの時代と戦争の体験をどのように反省し、罪責を告白するのかが重要な問題となりました。特にニーメラーは、ヒトラーの意に逆らった抵抗者として強制収容所に捕らわれ続けた被害者であるにもかかわらず、他人の罪責を問題にするのではなく、まず教会自身が公式に罪責を告白することによって国民に手本を示さなければならない、それによってのみ教会は未来を目指してドイツの再建のために働くことができる、と力説しました。

「われわれ教会は、まさに胸をたたいて告白しなければなりません、『私の罪、私の罪、私の大きな罪！』と」(M. Niemöller, 1958, S. 11f.)

このトライザでの教会指導者会議には、ジュネーヴに本部を置く《世界教会協議会》(World Council of Churches＝ＷＣＣ）からスチュワート・ハーマンおよびハンス・シェーンフェルトが派遣され、ＷＣＣの基本的な立場が伝えられました。それは、彼らが携えてきたＷＣＣの総幹事ヴィレム・Ａ・ヴィサートーフトからドイツ福音主義教会の理事オットー・ディベリウスあての手紙の中に示されていました。すなわち、第一に、世界教会はドイツの教会との間に、戦争によって閉ざされていた関係を回復したいと考えていること、しかし第二に、そうした関係回復の前段階として、ドイツの教会が罪責の告白を公表することが望ましいということです。

世界教会協議会からドイツのプロテスタント教会になされた働きかけ以外に、罪責告白の必要性を強く勧告した外国人として、スイスの神学者カール・バルトを忘れることができません。彼はヴァイマル共和国から第三帝国の始めにかけてドイツのゲッティンゲン、ミュンスター、ボンの諸大学で教義学を担当し、教会闘争の初期においては「バルメン宣言」の起草者の一人として決定的な役割を演じました。しかしヒトラーへの忠誠宣誓に難色を示し、また、ヒトラー式敬礼を拒否したために、ナチス当局によってボン大学を追わ

カール・バルト（1886-1968年）

れ、一九三五年七月にスイスに帰国せざるをえなくなりました。それ以降、母国のバーゼル大学に移りましたが、終始一貫、ドイツ人とドイツの教会にとって良き友人・理解者であるとともに、誠実な警告者・批判者でもありました。

バルトはスイスでのいくつかの講演の中で、今こそスイス人が世界中から嫌われているドイツ人の友とならねばならないと訴えるとともに、「ドイツ国民のほかにいったいだれがナチズムに権力を与え、ナチズムを権力の座へと呼び出したというのか」と問いかけ、ドイツ人の罪責をはっきりと指摘していました。特に、世俗的権威＝官憲の命じることにやすやすと従ってしまうドイツ人の市民的未成熟を批判して、一人一人の市民が、その場その場で冷めた思考と毅然とした行動を実践するという《市民的成熟》を身につけるように、努力を促したのです。

バルトは一九四五年九月二十八日、ドイツの友人マルティン・ニーメラーへの手紙の中で、次のような罪責告白を例示しています。

「ドイツ国民は、一九三三年にアドルフ・ヒトラーに政治を委ねた時、誤った道を選び取りました。そのことをドイツ福音主義教会指導部は認識し、表明します。ドイツ福音主義教会は、誤った語り掛けと誤った沈黙とによってこの誤りに共同の責任を負うことを認め、言明します。……われわれドイツ人は間違っていました。だから今日の混沌状態が生じたのです。そしてわれわれドイツのキリスト者は、まさにこのドイツ人でもあるのです」（H. Ludwig. S. 31f.）

こうしたバルトの勧めに対してニーメラーは十月五日付の返事の中で完全な同意を表明しました。ニーメラーあての手紙の基本線に沿ってバルトは同年十月四日、「第三帝国崩壊後のドイツ福音主義教会」と題する講演の中で、次のように力説しています。

「ドイツ側で次のことが認識され、かつ発言されない限り、ドイツ福音主義教会と外国の教会との間に公明正大な信頼関係、助け合いの信頼関係は成立しえない、と確信する。すなわち、『ドイツ国民は一九三三年に政治的にアドルフ・ヒトラーの手中に陥った時、誤った道（Irrweg）を歩みました。それ以降ヨーロッパとドイツ自身に到来した窮状は、この過ちの結果であります。ドイツの福音主義教会は、まちがった発言とまちがった沈黙とによって、このあやまちに共同の責任を負う（mitverantwortlich）ことになりました』」（K. Barth, 1946, S. 23）

こうした発言を通じてバルトもまた、シュトゥットガルト罪責宣言の成立に対して影響を与え、まさにドイツと、ドイツの教会との良き友人として奉仕するという役割を演じたと言えるでしょう。

しかしながら、ドイツのプロテスタント教会の罪責宣言がいわば外圧だけによって生じたのだと考えるのなら、それは正確な観察ではありません。すでに見てきたように、戦前・戦中のプロテスタント教会のさまざまな人物や組織がさまざまの機会に誠実な罪責の告白を行っていたことを改めて思い起こすならば、そうしたドイツのキリスト者と教会の内発的な罪責告白が蓄積されていたからこそ、外国からの勧めや促しがドイツの福音主義教会の指導部によってスムーズに受け入れられたのではないでしょうか。こうしていよいよ「シュトゥットガルト罪責宣言」が発表されることになるのです。

(2) 罪責宣言の成立

一九四五年十月十八、十九日、戦後ドイツのプロテスタント教会を再建するために、ドイツ福音主義教会の理事会が第一回目の会合をドイツ西南部ヴュルテンベルクの州都シュトゥットガルトで開催しました。終戦直後の交通困難の中でドイツ各地から焼け野原となったこの町へ参集したのは、一一名の理事たちです。すなわち、議長テオフィール・ヴルム（ヴュルテンベルク領邦教会監督）、副議長マルティン・ニーメラー（牧師）、そしてオットー・ディベリウス（総教区長）、ハンス・リルエ（宗務庁長官）、ハインリヒ・ヘルト（教区長）、ヴィルヘルム・ニーゼル（牧師）、ハンス・アスムッセン（牧師）、フーゴ・ハーン（教区長）、ルードルフ・スメント（憲法学教授）、グスタフ・ハイネマン（弁護士）でした。

その前日、不意にWCCの総幹事ヴィレム・A・ヴィサートーフトをはじめとする八名の世界教会の代表者たちがシュトゥットガルトに来訪しました。その目的は、第一に、世界教会とドイツの教会との「交わりを妨げている障害物を取り除く」ために、「ドイツの教会から宣言を受け取ること」であり、第二に、それに基づいて「直ちに世界教会とドイツの教会との間に信頼に満ちた結びつきを回復すること」でした。

十八日の夜、ドイツ福音主義教会の理事会は会議に入り、罪責宣言の最終案をまとめました。その際、ドイツ自身の罪責だけでなく、ドイツ敗戦に伴い、東欧諸国から追放された多数のドイツ系難民（最終的には数百万人）の窮状に対する他国の罪責に触れる必要はないかという問題も、話し合われました。しかし結局、「この問題設定は、罪責と対抗罪責との相殺にならないように、全会一致で否定されました。そうした差引勘定を持ち出せば、ドイツの内外における真の反省を促すきっかけを一切つぶしてしまうことになるからです」（M. Greschat. S. 93）。こうして罪責宣言の文章の中には自分たちの罪責のみを取り上げることに限定され、それに加えて今後なされるべき新たな出発にも触れることが確認されました。

罪責宣言の最終案は、ディベリウスの草案を土台にし、そこへアスムッセンの草案から、ドイツ人によってヨーロッパの内外に果てしない苦しみがもたらされたという内容を取り入れる形で完成されました。こうして十九日の朝、ドイツ側と世界教会側との合同の会合がもたれ、アスムッセンが次のような宣言を読み上げました。これが、私たちの知っている「シュトゥットガルト罪責宣言」（Stuttgarter Schulderklärung）です。

「ドイツ福音主義教会理事会は、一九四五年十月十八、十九日のシュトゥットガルトにおける会合に際し、世界教会協議会の代表団に挨拶を申し上げます。

私たちは、わが国民と共に大きな苦難の共同体の中にあるのみならず、罪責の連帯（Solidarität der Schuld）の中にもあることを覚え、それだけいっそう、このたびの来訪を感謝しております。私たちは大いなる痛みをもって申し上げます。私たちによって多くの諸民族と諸国との上に果てしない苦難がもたらされたことを。私たちが教会の会衆にしばしば証言してきたことを、今、私たちは教会の名において、表明します。すなわち私たちは、ナチスの暴力支配としてその恐るべき形を現した精神（Geist）に対抗して、確かに何年もの間、イエス・キリストの名のもとに闘ってきました。しかし私たちは自らを告発します。もっと勇敢に告白しなかったことを、もっと忠実に祈らなかったことを、もっと喜ばしく信じなかったことを、そしてもっと熱烈に愛さなかったことを。

今こそ私たちの教会は新しく出発しなければなりません。聖書に根差し、全き真剣さをもって、教会の唯一の主に導かれつつ、私たちの教会は、非信仰的影響から自らを清め、自らの姿勢を正すことに着手します。私たちは、恵みと憐れみとの神に向かって、神が私たちの教会を、神の道具として用いてくださるように、また神の言葉を宣べ伝え、私たち自身の間でも、わが国民全体の間でも、神の意思への従順をつくりだす全権を、私たちの教会に与えてくださるように、祈念します。

この新しい出発にあたり、私たちは、世界教会の共同体の他の諸教会と心から結びついていることを覚えることを許され、深い喜びに満たされます。

私たちは、今日新たに強まろうとしている暴力と報復との精神が、諸教会の共同の奉仕によって全世界で抑えられ、平和と愛との精神が支配する日が来るように、苦しみ悩む人類がまさにその精神によって癒されるように、神に祈ります。

かくして私たちは、全世界が新しい出発を必要としているこの時にあたり、神にこいねがいます。来タリマセ、造リ主ナル聖霊ヨ（Veni creator spiritus!）、と。

シュトゥットガルト　一九四五年十月十八、十九日

ヴルム　アスムッセン　マイザー　ヘルト　リルエ　ハーン　ニーゼル

スメント　ハイネマン　ディベリウス　マルティン・ニーメラー」

(G. Besier / G. Sauter, S. 8f.)

第二次世界大戦の敗戦とナチス・ドイツの崩壊という二重の破局のわずか半年後に、ドイツではだれよりも先にプロテスタント教会が罪責告白をしたのです。しかも、このシュトゥットガルト罪責宣言を発表したドイツ福音主義教会の理事会のメンバーの多くは、ヴルム議長、ニーメラー副議長、アスムッセン牧師、デ

ィベリウス総教区長、マイザー監督のように、ドイツの伝統的・保守的なナショナル・プロテスタンティズムの担い手たちでした。そうした教会指導者たちが率直に罪責を認め、それを公式文書として発表したことは、まさに驚くべき出来事でした。

確かにドイツ・プロテスタント教会の罪責宣言が終戦のたった半年後に行われるためには、世界教会協議会の代表団の来訪と勧告という外的影響もないわけではありませんでした。しかしながら、やはりドイツの教会自身の中に自主的な心からの罪責告白が準備されていなければ、外圧だけではあのような形と内容での罪責宣言が早期に実現することは不可能だったでしょう。ドイツ福音主義教会理事会の議長としてこの罪責宣言に最初に署名したテオフィール・ヴルムは、後に『わが生涯の思い出より』（一九五三年）の中で、シュトゥットガルト罪責宣言がドイツの教会自身の内面的な力によって生み出されたものであることを強調して、次のように記しています。

「われわれは、ドイツ政府、ドイツ軍、ドイツの諸機構の行為によって世界にもたらされたすべての惨状に鑑みて、これら〔世界の〕キリスト教界の代表者たちの前で悔い改めの言葉を語るべきだという深い思いにとらわれた。理事会議長として私は、われわれにそうした第一歩を勧めたのが外部の圧力でもカール・バルトでもなかったということを、異論に抗してはっきりと強調しなければならない。そうした第一歩は完全に理事会のイニシャチヴから出たものだからである」（T. Wurm, S. 183）

(3) 罪責宣言の意義

シュトゥットガルト罪責宣言の持つ重要な意義は、第二次世界大戦の終結から二十六年前にさかのぼる第一次世界大戦直後のドイツのプロテスタント教会の姿勢を思い起こせば、理解しやすくなるでしょう。第一次世界大戦直後のドイツの教会にとっては、罪責の告白などは思いもつかないことでした。むしろ当時の教会は、ヴェルサイユ条約に規定されたドイツの単独戦争責任条項（第二三一条）を拒絶し、世界教会運動（エキュメニズム）の場においてもドイツ・ナショナリズムの立場に固執し続けたのです。それほどまでにドイツのプロテスタント教会は宗教改革以来、四〇〇年もの間、君主、国家、民族との一体感の中で生き続けてきたのでした。

しかしながら、第二次世界大戦においては大きく様相が変わっていました。まずドイツの教会が信頼を寄せるべき国家自体が、戦争の始まる前から教会を弾圧し、密かにキリスト教会の撲滅を最終目標とする世界観国家へと変質していました。

そして今、第二次世界大戦が終わったとき、真っ先に自らの罪責と自民族の罪責とを自覚し、それをはっきり表明することができたのは、第三帝国と戦争のもとで苦闘し、服従を拒否したプロテスタント教会の人々でした。こうして「ドイツ福音主義教会の指導者たちは、ドイツの市民が一人残らず自分たちの政府の行為に対する各人の責任を承認するように仕向けられることの中に、更なる民族的破局を避けうる最大の希望が存在することを、確信した」（F. Spotts. S. 84）のです。こうしたドイツ福音主義教会の担い手たちの第一歩としての罪責宣言の発表こそは、世界教会との信頼関係の回復、連帯への道を切り開き、やがては周辺諸民族の間にドイツへの信頼を回復させる礎となりました。

シュトゥットガルトでの会合の閉幕近くにWCCの中のフランス改革派教会代表ピエール・モーリ牧師は、罪責宣言を発表したドイツの教会指導者たちに向かって次のように応答しました。

「皆様にとってあのような言葉を語ることは、決して快いものではなかったことでしょう。ただイエス・キリストにあってのみ皆様はあの言葉を語るように解放されたのです。……それに対して私たちはただ感謝するのみです。あの言葉は神の前で語られ、書かれ、読み上げられました。それは神によって受け入れられました。私たちの任務は、皆様に対してパリサイ的な誇りをもって立ち向かうことをしないということです。

……皆様のこの言葉は、私たちもまたドイツに対して正義に基づいて振る舞うように、私たちを助けてくれます。私たちが皆様をお助けできるように、皆様が私たちを助けてくださったのです。私たちは困難な年月を体験しました。しかしこの世界には、そしてドイツにも、窮状から逃げ出すことなく、赦しによる恵みの中で生きている人々がいるということを、私たちは知るでしょう。……私たちはすべて一つの義務をもっています。すなわち、わが西洋において新しいことが始まらねばなりません。私たちは、ドイツもまた諸民族との連帯の中へ復帰するよう、何かをしないではおられないでしょう」（M. Greschat, S. 103f.）

第二次世界大戦での敗北の後、連合国軍による間接占領下に自国の政府を持ち続けることができた日本とは異なり、ドイツは連合国の直接占領下に置かれ、一九四九年まで自らの政府を持つことを許されませんでした。そうした中にあって、組織体としてのドイツ福音主義教会は、早くも敗戦の半年後にドイツ民族とドイツの教会との罪責を公式に発表することができました。この「シュトゥットガルト罪責宣言」は世界教会協議会の代表者たちの前で読み上げられただけで、当初はマスメディアには流されませんでした。その十一年前に大規模な全国的教会総会によって華々しく打ち出された「バルメン宣言」とは全く対照的に、「シュトゥットガルト罪責宣言」はまことにつつましくその産声をあげました。それにもかかわらず、この罪責宣言はバルメン宣言に劣らぬ重要な意義を持つものではないでしょうか。「バルメン宣言」がドイツ・プロテスタントの教会闘争の開幕を告げる宣戦布告としての「信仰告白」であったとすれば、「シュトゥットガルト罪責宣言」は、教会闘争の終幕を告げる総決算としての、一つの「悔い改めの信仰告白」とでも言えるものでした。

たしかにこの罪責宣言の内容について不十分な点を指摘することも不可能ではありません。しかし戦後まもなくのこの時期に、保守的ナショナリズムの伝統を引きずったドイツの福音主義教会の指導者たちがこのような罪責宣言を出すことができたということに、私は深い敬意を覚えずにはおられないのです。しかもこの罪責宣言は、教会自身の新生を訴えるだけではなく、古いドイツの死と新しいドイツ誕生との覚悟を促す声でもありました。

ナチズムによって破壊されたヨーロッパに住む諸民族のドイツへの信頼は、まずドイツの国家によってではなく、ドイツの教会によって、回復の手掛かりを与えられました。その第一歩を現実に示したものこそは、この「シュトゥットガルト罪責宣言」にほかならなかったのです。

＊参照

河島幸夫『ナチスと教会』、第六章「シュトゥットガルト罪責宣言への道」。

なお、シュトゥットガルト罪責宣言の問題点や宣言の発表以後にドイツで生じた論争については、朝岡勝『「バルメン宣言」を読む』、および宮田光雄『十字架とハーケンクロイツ』、第五章「教会闘争と罪責告白」を参照

参考文献（著者名ＡＢＣ順）

朝岡勝『「バルメン宣言」を読む』いのちのことば社、二〇一一年

河島幸夫『戦争・ナチズム・教会――ドイツ福音主義教会史論』新教出版社、一九九三／一九九七年

河島幸夫『政治と信仰の間で――ドイツ近現代史とキリスト教』創言社、二〇〇五年

河島幸夫『ナチスと教会――ドイツ・プロテスタントの教会闘争』創文社、二〇〇六年

河島幸夫『ドイツ現代史とキリスト教――ナチズムから冷戦体制へ』新教出版社、二〇一一年

宮田光雄『十字架とハーケンクロイツ――反ナチ教会闘争の思想史的研究』新教出版社、二〇〇〇年

宮田光雄『バルメン宣言の政治学』新教出版社、二〇一四年

宮田光雄編『ドイツ教会闘争の研究』創文社、一九八六年

Ｈ・Ｅ・テート著、宮田光雄／佐藤司郎／山﨑和明訳『ヒトラー政権の共犯者、犠牲者、反対者――《第三帝国》におけるプロテスタント神学と教会の《内面史》のために』創文社、二〇〇四年（Heinz Eduard Tödt, *Komplizen, Opfer und Gegner des Hitlerregimes. Zur "inneren Geschichte" von protestantischer Theologie und Kirche im "Dritten Reich"*, Gütersloh, 1997）

引用文献（著者名・資料名ＡＢＣ順）

Allgemeine Evangelisch-Lutherische Kirchenzeitung（=AELKZ), 1939

Barth, Karl: *Die evangelische Kirche in Deutschland nach dem Zusammenbruch des Dritten Reiches*, Stuttgart,

1946
Karl Barth zum Kirchenkampf. Theologische Existenz heute, Neue Folge, Nr. 49, München, 1956
『カール・バルト著作集』第6巻（再版）、村上伸ほか訳、新教出版社、一九七六年
Besier, Gerhard/ Sauter, Gerhard (Hg): *Wie Christen ihre Schuld bekennen*, Göttingen, 1985
Bethel-Beiträge, H. 42, Bethel, 1989
Hauptarchiv Bethel, 2/39-188, 2/91-117
Bischof von Galen spricht! Das christliche Deutschland 1933 bis 1945, Katholische Reihe H. 3, Freiburg i. Br. 1946
Blumhardt, Christoph: *Eine Auswahl aus seinen Predigten, Andachten und Schriften, Bd.4: Gottes Reich kommt!* Erlenbach-Zürich, 1932
——: *Ansprachen, Reden, Briefe 1865-1914, Bd. 3*, Neukirchen-Vluyn, 1978
Bonhoeffer, Dietrich: *Gesammelte Schriften, Bd. 1*, München, 1958
——: *Gesammelte Schriften, Bd. 2*, München, 1959
『ボンヘッファー選集』第6巻、森野善右衛門訳、新教出版社、一九六八年
Brakelmann, Günter (Hg): *Kirche im Krieg*, München, 1979
Brandt, Wilhelm: *Friedrich v. Bodelschwingh 1877-1946*, Bethel, 1967
Dibelius, Otto: *Kirche und Völkerbund*, Berlin, 1926
——: *Ein Christ ist immer im Dienst*, Stuttgart, 1961
Doering, Bruno: *Mein Lebensweg*, Gütersloh, 1952
Evangelische Dokumente zur Ermordung der "unheilbar Kranken" unter der nationalsozialistischen

Herrschaft, Stuttgart, 1972
Frank, Walter: *Adolf Stoecker und die christlichsoziale Bewegung*, 2. Aufl., Hamburg, 1935
Greschat, Martin（Hg）: *Die Schuld der Kirche*, München, 1982
Grüber, Heinrich: *Dona nobis pacem!* Berlin-Ost, 1956
――: *Erinnerungen aus sieben Jahrzehnten*, 2. Aufl., Köln, 1968
Hellmann, Manfred: *Friedrich von Bodelschwingh d. J.*, Wuppertal u. Zürich, 1988
Hermelink, Heinrich（Hg）: *Kirche im Kampf*, Tübingen, 1950
Hitler, Adolf: *Mein Kampf*, 158-159.Aufl., München, 1935　アドルフ・ヒトラー著、平野一郎／将積茂訳『わが闘争』上・下、角川文庫、二〇一三年
Hitler, Adolf: *Monologe im Führerhauptquartier 1941-1944*, München, 2000
Hofer, Walther（Hg）: *Der Nationalsozialismus. Dokumente 1933-1945*, Neuausgabe, Frankfurt/M. 1983　ワルター・ホーファー編、救仁郷繁訳『ナチス・ドキュメント』ぺりかん社、一九七二年
井上良雄『神の国の証人ブルームハルト父子』新教出版社、一九八二年
Kirchliches Jahrbuch für die evangelische Kirche in Deutschland 1933-1944, Gütersloh, 1948（*KJ*と略記）
Klee, Ernst: *"Euthanasie" im NS-Staat*, 3. Aufl., Frankfurt/M. 1983　エルンスト・クレー著、松下正明訳『第三帝国と安楽死』批評社、一九九九年
Klepper, Jochen: *Unter dem Schatten Deiner Flügel*, Stuttgart, 1956　ヨッヘン・クレッパー著、小塩節／小槌千代訳『みつばさのかげに』日本基督教団出版局、一九七七年（抄訳）
Leber, Annedore /Brandt, Willy/ Bracher, Karl Dietrich（Hg）: *Das Gewissen steht auf*, Berlin, 1954
Ludwig, Hartmut: Karl Barths Dienst der Versöhnung, in: Heinz Brunotte（Hg）, *Zur Geschichte des*

Kirchenkampfes. Gesammelte Aufsätze, Bd. 2, Göttingen, 1971
Niemöller, Martin: *Reden 1945-1954*, Darmstadt, 1958
Niemöller, Wilhelm（Hg）: *Texte zur Geschichte des Pfarrernotbundes*, Berlin, 1958
――: Evangekischer Widerstand, in: *Junge Kirche*, Jg. 24, H. 4, 1963
――: Evangelische Verkündigung in zwei Weltkriegen, in: *Junge Kirche*, Jg. 25, H. 11, 1964
Niesel, Wilhelm: *Kirche unter dem Wort*, Göttingen, 1978
Pressel, Wilhelm: *Die Kriegspredigt 1914-1918 in der evangelischen Kirche Deutschlands*, Göttingen, 1976
Röhm, Eberhard/ Thierfelder, Jörg（Hg）: *Evangelische Kirche zwischen Kreuz und Hakenkreuz*, 3. Aufl., Stuttgart, 1983
Schlunck, Rudolf: *Ein Pfarrer im Kriege*, Kassel, 1931
Schmidt, Dietmar: *Martin Niemöller*, 3. Aufl., Stuttgart, 1983　ディートマル・シュミット著、雨宮栄一訳『マルティン・ニーメラー』新教出版社、一九六六年（旧版の訳）
Schmidt, Kurt Dietrich（Hg）: *Die Bekenntnisse und grundsätzlichen Äusserungen zur Kirchenfrage, Bd.2: Das Jahr 1934*, Göttingen, 1935
Troeltsch, Ernst: *Nach der Erklärung der Mobilmachung*, Heidelberg, 1914
Wurm, Theophil: *Erinnerungen aus meinem Leben*, Stuttgart, 1953

写真出典

図書（著者名ＡＢＣ順）

Blumhardt, Christoph: *Ansprachen, Reden, Briefe 1865-1914, Bd. 3*, Neukirchen-Vluyn, 1978, S. 0

Busch, Eberhard: *Karl Barths Lebenslauf*, Berlin-Ost, 1979, S. 447ff.（No. 35）

Hellmann, Manfred: *Friedrich von Bodelschwingh d. J.*, Wuppertal/ Zürich, 1988, S. 169

Köhler, Walther: *Ernst Troeltsch*, Tübingen, 1941, S. 0

Leber, Annedore/ Brandt, Willy/ Bracher, Karl Dietrich（Hg）: *Das Gewissen steht auf*, Berlin, 1954, S. 109

Lehmann, Wolfgang: *Hans Asmussen*, Göttingen, 1988, S. 6

Niemöller, Martin: *Dahlemer Predigten, Kritische Ausgabe*, Gütersloh/ Darmstadt, 2011, S. 6

Röhm, Eberhard: *Sterben für den Frieden*, Stuttgart, 1985, S. 14

Schlunck, Rudolf: *Ein Pfarrer im Kriege*, Kassel, 1931, S. 0

Winkler, Dieter: *Heinrich Grüber*, Berlin, 1993, S. 194

Wistrich, Robert: *Wer war wer im Dritten Reich*, München, 1983, S. 49

Wurm, Theophil: *Erinnerungen aus meinem Leben*, Stuttgart, 1953, S. 209

絵葉書（画家名ＡＢＣ順）

Cranach d. Ä., Lucas: *Martin Luther*, 1529, Germanisches Nationalmuseum Nürnberg

Lautenbach, Wilhelm: *Kardinal Clemens August von Galen*, 1951, Stadtmuseum Münster

あとがき

本書の基礎になったのは、二〇一四年八月十五日に日本キリスト教会大阪北教会で開催された日本キリスト教会近畿中会「教会と国家に関する委員会」主催の二〇一四年度八・一五講演会として行われた「戦争と教会――バルメン宣言からヒトラーの戦争へ」と題する私の講演です。講演の機会を与えてくださった主催教会に心から感謝いたします。その講演原稿を書き直し、約二倍あまりに増補しました。本書の内容は、参考文献に挙げた四冊の拙著を土台として構成されています。したがって、本書の中の引用箇所については必要最小限の出典と該当ページを明記しましたが、さらに詳細な典拠については、参考文献に挙げた四冊の拙著（はじめの三冊は絶版）の参照文献の注記をご参照いただければ幸いです。本文中の〔　〕は、補足説明のために河島が挿入したものです。

私が《戦争と平和》という問題に関心を持つようになったのは、幼児体験にさかのぼります。私の父は、アジア・太平洋戦争の終戦近くに兵庫県の小野町（現・小野市）から海軍の二等水兵として召集され、脊髄損傷の重傷を負って戦後の十数年間、車イス生活を送り、私が大学二年の時に亡くなりました。小学生の時に知った日本国憲法の、特に第九条は戦争のない日本の歩みをもたらしてくれる福音として、私の心に響きました。そのころ級友（本書の表紙の画家・藤本四郎氏）に誘われて行き始めた日本キリスト教団小野教会（中村彊牧師、のち大川義篤牧師）で学んだマタイ福音書五章九節のイエスの山上の説教「平和をつくり出す人たちは、さいわいである。彼らは神の子と呼ばれるであろう」もまた、戦争を退け、平和への希望と努力を促すものでした。やがて一浪の年のクリスマスに受洗し、翌春、偶然に入学した仙台の東北大学法学部で恩師の政治学者・宮田光雄教授の講義や聖書研究会に連なったおかげで、ドイツにおける政治と宗教、戦争と平和の問題に取り組むようになったのです。

本書のテーマはドイツのプロテスタント教会における《戦争と平和》、とくに第二次世界大戦における教会の姿勢です。ヨーロッパにおける第二次世界大戦はナチス・ドイツによって引き起こされたわけですから、大戦を含めたナチスの時代全体における教会の状況、すなわち《教会闘争》の中での重要問題にも触れなければなりませんでした。さらにナチスの時代の教会を理解するためには、それ以前のいわゆる《ヴァイマル共和制》の時代や第一次世界大戦の時代、そしてプロテスタンティズムが歴史に登場した十六世紀の宗教改革以降の政治史における教会の状況も必要最小限は知っておく必要があります。そこで本書は、ドイツの近現代史における戦争と平和の問題にプロテスタント教会がどのように取り組んだのかを、概観できるように工夫しました。その重点は、もちろん、二つの世界大戦、特に第二次世界大戦におけるプロテスタント教会の対応です。

第一次世界大戦における教会の対応と第二次世界大戦における教会の対応がどのように違ったのか、その具体的な様相から私たちは何を学び取ることができるでしょうか。特に第二次世界大戦では日本とドイツは共にファシズム体制の同盟国として戦争を行い、アジアとヨーロッパの民衆に比類ない惨禍をもたらしました。そうした激動の時代にキリスト教徒が多数派であったドイツと、ごく少数派であった日本とは大きな違いがありますが、キリスト教と敵対した国家権力の中に置かれた苦難の状態という点では、両国のキリスト教会は共通しています。

二〇一五年は第二次世界大戦終結から七十年目にあたります。日本では安倍晋三政権による集団的自衛権容認の閣議決定、安保関連法制の全面的改訂、総じて憲法改悪に向けての執拗な試み等々、日本が戦争に突入する現実的可能性さえ感じられる状況が高まっています。そうした状態の中で、最も現在に近い歴史上の戦争においてプロテスタントの母国ともいえるドイツのキリスト者たちがどのように苦闘したかを学ぶことは、少なからぬ意義があるのではないでしょうか。そうした学びのために本書が少しでも役立ってくれれば、望外の幸せです。

なお、本書では戦後ドイツの教会と戦争・平和の問題については全く取り上げていませんが、特に冷戦下の東西ドイツ分裂の時代における教会の《戦争と平和》問題への取り組みについては、参考文献にある拙著『ドイツ現代史とキリスト教』の第六章「戦後ドイツの教会と平和問題」を参照していただければ幸いです。その拙著にはナチズムの時代のカトリック教会の動向についても二つの章で取り上げています。

最後に、遅れがちな本書の原稿のできあがるのを辛抱強くお待ちくださった、いのちのことば社出版部の長沢俊夫氏に心から感謝申し上げる次第です。

二〇一五年六月三日　福岡にて

河島幸夫

著者について

河島幸夫（かわしま さちお）

1942年、兵庫県小野市に生まれる。
東北大学法学部、神戸大学大学院、ハイデルベルク大学に学ぶ。
博士（法学・東北大学）。
西南学院大学名誉教授（政治学・政治外交史・人権平和研究）。

主要著書
『戦争・ナチズム・教会』（新教出版社、1993年、博士論文）
『政治と信仰の間で――ドイツ近現代史とキリスト教』（創言社、2005年）
『ナチスと教会』（創文社、2006年）
『ドイツ現代史とキリスト教――ナチズムから冷戦体制へ』（新教出版社、2011年）
『賀川豊彦の生涯と思想』『賀川豊彦と太平洋戦争』（中川書店、1988/2008年）
など。

主要訳書
W. フーバー / H. E. テート『人権の思想』（新教出版社、1980年）
H. E. テート『キリスト教倫理』（ヨルダン社、1984年）
D. ゼンクハース『ヨーロッパ2000年・一つの平和プラン』（創文社、1992年）

戦争と教会
——ナチズムとキリスト教

2015年9月1日発行

著　者　　河島幸夫

印刷製本　モリモト印刷株式会社

発　行　　いのちのことば社
〒164-0001 東京都中野区中野2-1-5
TEL.03-5341-6922（編集）
03-5341-6920（営業）
FAX.03-5341-6921
e-mail: support@wlpm.or.jp
http://www.wlpm.or.jp/

ISBN978-4-264-03441-4